「自治体戦略2040構想」と地方自治

白藤博行・岡田知弘・平岡和久 著

自治体研究社

はしがき

　最近、人口減少社会、人口縮減社会、人口縮小社会…その表現はさまざまであるが、新聞・テレビなどのマスコミやインターネット上で、縮む日本の未来社会予測に関する記事を見ない日はない。振り返れば、経済産業省の次官・若手プロジェクトが著した『不安な個人、立ちすくむ国家—モデル無き時代をどう前向きに生き抜くか』（2017年5月）が発表されて、瞬く間に、100万回を超えるダウンロードがあり、単行本化され、さらにマンガ本化までされたことが想起される。無邪気で危険なエリートたちの無責任な戯言とあまり問題視しなかったが、あれから2年が経たないうちに、あれよあれよという間に政治・経済・社会の隅々に不安は拡散し現実化している。しかし、国家はいまだに立ちすくんだままである。

　いや、それは少し言い過ぎかもしれない。なぜなら安倍晋三政権は、「三本の矢」からなるアベノミクス政策で果敢に挑戦し景気を回復したではないかというかもしれないからである。しかし、そのような評価は、的外れではないだろうか。嘘と欺瞞に満ちた政治、官僚たちの腐敗、異常な金融政策、どこを見ても維持可能なビジョンや政策は見当たらない。本書の主たる検討対象である総務省・自治体戦略2040構想研究会「自治体戦略2040構想」の第一次・第二次報告が描く2040年の日本の姿も、実に酷いものである。よくも無責任にここまで書けるといった内容である。私には、"ABENOMICS"は、"ABE"政治に対する"NO"の声の"MIX"という意味の"ABENOMIX"にしか見えない。

　直近の朝日デジタル「AIが予測する2万通りの日本の未来　分岐点はすぐそこに」は、あえて「持続可能な日本」（2019年1月7日）を探し求める記事である。京都大学と日立製作所（日立京大ラボ）の

35年後の未来予測に基づくということであるが、そのAI予測によれば、「地方分散型持続可能シナリオ」と「都市集中型持続困難シナリオ」のいずれの「シナリオ」を進んでも、あと10年ほどは日本の未来はすぐには変わらず、「地域活力」、「出生率」および「幸福感」の指標の低迷は続くということである。ただ、その後の未来は大きく枝分かれしていくので、いまから日本の「生き方」を変えなければならないという趣旨である。この研究の中心になった広井良典教授（京都大学心の未来研究センター）は、「これはあくまでもAIを『使った』未来予測。AIが主観を排して未来シナリオを計算した一方で、意味の解釈や価値判断は人間がしている」と述べている。AIの客観的分析力と人間の主観的判断力の組み合わせ次第ということであろうか。人間が主人公で、あくまでもAIを道具とする社会がどこまで維持できるのか。いずれにしても人口減少社会において人間力が問われていることは確かである。

　本書では、専門分野を異にする3人の研究者が、現段階における「自治体戦略2040構想」の諸問題の検討・分析にあたっている。地域経済が専門の岡田知弘教授、地方財政が専門の平岡和久教授、そして行政法・地方自治法が専門の白藤である。緊急出版に近いかたちになったため、最終原稿をすり合わせるまではいかなかったが、短期間に3回ほどの意見交換は行った。学際的な研究に感謝したい。そして、ご支援をいただいた自治体研究社編集部のみなさんに、心から感謝を申し上げたい。

　2019年1月

　　　　　　　　　　　　　　　　　　　　　　　白藤博行

「『自治体戦略 2040 構想』と地方自治」 目次

はしがき………………………………………………………白藤博行　3

I　「自治体戦略 2040 構想」と
　　第 32 次地制調による法制化の検討……………………白藤博行　7

はじめに―人口減少は自然な人口動態なのか　7

1　アベノミクスの成長戦略と経済財政諮問会議・未来投資会議　9

　⑴　アベノミクス「3 本の矢」はいま／⑵　政府の重要政策会議の司令塔
　―経済財政諮問会議と未来投資会議／⑶　未来投資会議「未来投資戦略
　2018」／⑷　合同会議「経済政策の方向性に関する中間整理」の概要

2　「自治体戦略 2040 構想研究会」報告　19

　⑴　バックキャスティング思考から導かれる「人口縮減時代へのパラダ
　イム転換」／⑵　第一次報告のポイント／⑶　第二次報告のポイント／⑷
　「自治体戦略の基本的方向性」の概括的評価

3　第 32 次地方制度調査会と同専門小委員会の法制化論の検討　32

　⑴　「未来投資会議」から「自治体戦略 2040 構想研究会」、そして第 32 次
　地制調へ／⑵　自治体戦略 2040 構想と第 32 次地制調を繋ぐ者・繋ぐもの
　／⑶　「総合行政主体（フルセット主義）」からの脱却と「圏域マネジメン
　トと二層制の柔軟化」論／⑷　「地域運営組織」・「新たな地域自治組織」論

おわりに―自治体戦略 2040 構想 VS. 地方自治の憲法保障戦略構想　43

　⑴　「スマート自治体への転換」は行政経営改革論に抗う／⑵　自治権保障
　なき地方統治構造論・「圏域行政」論に抗う／⑶　憲法が保障する地方自治
　と「機能的自治」／⑷　「地方分権改革」からの離脱・シャウプ勧告からの
　完全離脱？／⑸　「福祉国家の現代化戦略」と「地方自治の現代化戦略」／
　⑹　第 32 次地制調に何を期待するか

II　安倍政権の成長戦略と「自治体戦略 2040 構想」…………岡田知弘　53

はじめに　53

1　安倍政権の成長戦略と「地方創生」　54

　⑴　アベノミクスと成長戦略／⑵　成長戦略と政官財抱合体制の構築／⑶
　増田レポートと「地方創生」政策の登場

2 「公共サービスの産業化」政策と「Society 5.0」 61

⑴ 「公共サービスの産業化」政策の登場／⑵ 未来投資会議の設置と
「Society 5.0」／⑶ 「自治体戦略 2040 構想」への取り込み

3 「自治体戦略 2040 構想」の具体化 68

⑴ 公共施設と不動産活用ビジネス／⑵ 進む公共サービスの民間開放、
水道民営化と通商協定／⑶ AI 活用とその問題点

おわりに 74

Ⅲ 地方交付税解体へのシナリオ
　―「自治体戦略 2040 構想」の求める地方財政の姿―…………平岡和久 77

はじめに 77

1 安倍政権下における集権的地方財政改革の展開 78

⑴ 集権的地方財政改革の 3 つの領域／⑵ 骨太方針 2018 と新経済・財政
再生計画／⑶ 骨太方針 2018 と地方行財政改革

2 自治体戦略 2040 構想研究会報告の描く地方行政と統治の姿 85

3 地方財政改革と自治体財政への影響はどうか 90

4 2019 年度政府予算案と地方財政対策の動向 96

おわりに 101

I 「自治体戦略 2040 構想」と第 32 次地制調による法制化の検討

白藤 博行

はじめに―人口減少は自然な人口動態なのか

　総務省の「自治体戦略 2040 構想研究会」が、「人口減少下において満足度の高い人生と人間を尊重する社会をどう構築するか」といった副題を付した第一次報告（2018 年 4 月）および第二次報告（同年 7 月）を発表し（以下、まとめて「2040 報告」[1]）、これを実現すべく第 32 次地方制度調査会（以下、「第 32 次地制調」）と同専門小委員会が設置された（2018 年 7 月）。2040 報告は、いわゆる「団塊ジュニア」世代が高齢者となる 2040 年ころ以降の日本社会の自治体の行政体制のあり方を模索するものである。2040 報告が描く超少子高齢社会となる日本の「内政上の危機」の惨状はさまざまなメディアで取り上げられ、世間の耳目を集めている[2]。しかし、人口減少社会は、何も今に

1　いずれの報告書も、自治体戦略 2040 構想研究会の以下のホームページで見られる（http://www.soumu.go.jp/main_sosiki/kenkyu/jichitai2040/index.html）。また、総務省官僚である内海隆明・山口研悟・吉村顕「『自治体戦略 2040 構想研究会』の第一次報告について」『地方自治』2018 年 7 月号（848 号）33 頁以下、および同「『自治体戦略 2040 構想研究会』の第二次報告について」『地方自治』18 年 11 月号（852 号）23 頁以下の解説がある。

2　『ガバナンス』2018 年 9 月号は、さっそく「『基礎自治体』の行方」の特集を組んでおり、自治体戦略 2040 の総批判ともいえる内容となっている。そのほか、村上博「総務省・自治体戦略 2040 構想研究会『第 2 次報告』―連携中枢都市圏（圏域）の行政主体化」「ひろしまの地域とくらし」2018 年 7 月 20 日号 8 頁以下、今井照「自治体戦略 2040 構想研究会報告について」『自治総研』2018 年 10 月号（480 号）1 頁以下、そして直近では、榊原秀訓「地域活性化と自治体戦略 2040 構想」『月刊全労連』19 年 1 月号 14 頁以下、幸田雅治「『自治体戦略 2040 構想研究会報告』をどう読むか」『生活経済政策』19 年 1 月号（264 号）9 頁以下など多数の批判的論考が公にされている。なお、本稿の内容の一部は、拙稿「地方自治戦略なき『自治体戦略 2040 構想』」『地方自治職員研修』2018 年 11 月号 30 頁以下および『住民と

始まったことではない。人口減少はあたかも自然の人口動態・人口構造変化のようにいわれるが、そうではなかろう。「未婚者が『愛』より『金』を圧倒的に信じる理由」(「東洋経済オンライン」2018年11月20日、https://toyokeizai.net/articles/-/249830)という記事によれば、日本人の愛への信頼の喪失は、26年前と比べると顕著であるとされる。ただ、この分析のもとになった博報堂生活総合研究所「生活定点」調査(「心理特性」https://seikatsusoken.jp/teiten/category/21.html)の「信じるものは何ですか？」の項目を見ると、「愛を信じない」とした割合は13.4%から19.5%と増加。一方、「金を信じる」とした割合は74.3%から84.8%に増加。たしかに、「金を信じる」割合は高く、増えているのも確かであるが、「愛を信じない」割合は増えているとはいえ、全体としてはまだ低い。「愛を信じる」割合は、6.1%減ったとはいえ、まだ80.5%あるようだ。この限りでは、愛より金を圧倒的に信じるとまで断言できるかどうかは定かでない。とはいえ傾向的には、愛より金の資本主義が、人間不信を掻き立て、人間愛の喪失として顕在化させているのではないか。日本の人口減少は人為的・経済的な現象なのであり、グローバル資本主義の歪みを糺さない限り続くものであろう。

問題は、愛より金の資本主義に陥った構造的原因である。それは、日本のバブル崩壊後、政財官がこぞって、企業の生産性向上のために、無碍に労働者を犠牲にして雇用の流動化を進め、賃金抑制政策を強引に進めたことに他ならない。法制度的に見れば、いわゆる派遣労働者法の改悪が雇用の切り捨てに拍車をかけ、その結果、「非正規労働者」は激増した。勤労労働者の権利の保障など、どこの国の話ですか状態になってしまった。素人考えでは、これらすべては、旧日経連(2002年、経団連に統合)の「新時代の日本的経営」論(1995

自治』2019年2月号7頁以下と重複する部分があることをお断りしたい。

年）に端を発するものと思われるが、不幸なことに、それまでの「日本的経営」のもとでの労使協調型の労働運動は抵抗するすべを持たなかった。そして、個人の金融資産が1800兆円以上、企業の内部留保金は450兆円超といわれる国であるといわれながら、労働者の賃金は先進国の中で突出して低く、共働きでも子どもが産めず、貧困が理由で自殺が絶えない貧しい社会になっている。それでもなお、政財官の「リーダー」たちは、企業の生産性向上至上主義を持続する法改悪を続け、いまでは企業だけではなく、公行政領域（公的・公共的空間）においても「産業化」を進め、行政、とりわけ自治体行政の「生産性向上」を図るための「自治体戦略」を企む政策が進められている。これが、「自治体戦略2040構想」に他ならない。

　本稿は、このような予見をもって、「2040報告」、そしてこれを具体化・法制化するための第32次地制調の議論が、国の政策であるアベノミクスの成長戦略の中でどのように位置づけられ、展開されようとしているのか、どこに問題があるのかなど、現時点で可能な若干の法的分析・検討を試みるものである。

1　アベノミクスの成長戦略と 経済財政諮問会議・未来投資会議

(1)　アベノミクス「3本の矢」はいま

　アベノミクスは、①「大胆な金融政策」、②「機動的な財政政策」、そして③「民間投資を喚起する成長戦略」といった「3本の矢」と呼ばれる政策からなる。ところが、最近、「アベノミクス『3本の矢』」のサイトを見ると、「このページは現在更新しておりません。「日本再興戦略」改訂2014（成長戦略2014）の内容をわかりやすく解説したページです。最新の情報は、こちらをご覧ください。」[3]とあり、そ

3　https://www.kantei.go.jp/jp/headline/seichosenryaku/sanbonnoya.html

10

の「こちら」をクリックすると、「アベノミクス　成長戦略で明るい
日本に！」のサイトに飛ぶことになっている。[4] ①と②の財政・金融
政策の評価はその専門家に尋ねるしかないが、はたして「3本の矢」
は折れたのか。それとも先行した①と②の矢は的を射ずして、さい
ごの切り札である③の矢にすべてをかけたものか不明であるが、成
長戦略がこれまでに増して重点政策化したことは一目瞭然である。

(2)　政府の重要政策会議の司令塔―経済財政諮問会議と未来投資会議

　振り返れば、2018 年夏、アベノミクス関係の新聞報道で、安倍政
権の成長戦略の進捗を図ることを目的として、政府の「政策会議」
をスリム化し、経済財政運営の基本方針（骨太の方針）を協議する
「経済財政諮問会議」と成長戦略を担当する「未来投資会議」のふ
たつの政策会議に集約する案が有力であるといった記事が目につい
た。[5] そして、2018 年秋には、これを追いかけるように、「経済政策、
未来投資会議が前面に　諮問会議の影響力低下」といった新聞の見
出しが躍った。[6]

　そもそも 2001 年の中央省庁等改革において、内閣・内閣総理大臣
の補佐・支援体制を強化し、内閣機能の強化を目的として、いわゆ
る「知恵の場」として、内閣府が内閣に設置された。内閣府には、内
閣総理大臣または内閣官房長官を議長とし、関係大臣と有識者から
なる重要政策会議として、経済財政諮問会議、総合科学技術・イノ
ベーション会議、国家戦略特別区域諮問会議、中央防災会議、男女
共同参画会議といった 5 つ政策会議が設置された。ただ、官邸のホ
ームページを見ると、内閣府以外にも、当然ながら総理、副総理ま

4　https://www.kantei.go.jp/jp/headline/seicho_senryaku2013.html
5　2018 年 8 月 23 日、日本経済新聞電子版
6　2018 年 11 月 27 日、日本経済新聞電子版

たは官房長官を構成員とする「政策会議」とおぼしき会議体が多くみられる[7]。官邸主導体制を支える「政策会議」群であるが、政策会議で決められた政策をゴリ押しすることから国会での熟議をおろそかにする元凶とも批判されるところである。内閣の政策決定の迅速化・効率化・実効化を図るためとはいえ、このように多くなりすぎた政策会議を整理・集約するという方針はわからないわけではない。

このうち未来投資会議は、経済財政諮問会議と比べると2016年9月に設置された新しい会議体である。第2次安倍政権の目玉経済政策「アベノミクス」の実現のために日本経済再生本部[8]のもとに置かれているものである。従前、成長戦略を主導してきた「産業競争力会議」と「未来投資に向けた官民対話」を統合したものである。経済財政諮問会議が内閣府設置法を設置根拠とするのに対し、未来投資会議は、日本経済再生本部の決定（2016年9月9日）に基づくものに過ぎないところの、いわゆる「私的諮問会議」であるが、「成長戦略の司令塔」の役割を担い、「日本再興戦略2016」（2016年6月2日閣議決定）における「第4次産業革命官民会議」の役割も担うとされている。ただ、経済財政諮問会議の事務局は内閣府であり、財務省の後ろ盾があるといわれるが、未来投資会議の事務局は内閣官房日本経済再生総合事務局であり、経済産業省出身官僚の出向組が中心であるとされる。日本の経済財政政策・運営の主導権が前者から後者に移りつつあるという報道が流れると、財務省は穏やかではなかろう。予算編成権の実質的な主導権を奪われることになりかねないからである。

7　https://www.kantei.go.jp/jp/singi/index.html

8　「我が国経済の再生に向けて、経済財政諮問会議との連携の下、円高・デフレから脱却し強い経済を取り戻すため、政府一体となって、必要な経済対策を講じるとともに成長戦略を実現することを目的として、内閣に、これらの企画及び立案並びに総合調整を担う司令塔となる日本経済再生本部（以下「本部」という。）を設置する。」（2012年12月26日閣議決定）

実際、2018 年 11 月 26 日、経済財政諮問会議、未来投資会議、まち・ひと・しごと創生会議、規制改革推進会議の合同会議（以下、「合同会議」）が官邸で開催され、「経済政策の方向性に関する中間整理[9]」を決定しているが、この中間報告は、未来投資会議が「第 2 章 成長戦略の方向性」、まち・ひと・しごと創生会議が「第 3 章　まち・ひと・しごと創生、地方創生の方向性」、経済財政諮問会議が、「第 5 章　財政運営の方向性」、そして規制改革推進会議が「第 6 章 規制改革の方向性」を分担執筆しているようである[11]。しかし新聞報道では、実際のところ、消費税増税対策や社会保障政策などの重要政策の骨格づくりは未来投資会議が主導したと伝えられ、未来投資会議が経済財政諮問会議に代わり首相官邸の意向を反映する場になりつつあり、舞台回しを務めるのは経済産業省のようである。法令の根拠がある経済財政諮問会議を凌駕する「私的諮問会議」主導の成長戦略には、違和感を禁じ得ない[12]（**図表Ⅰ-1参照**）。

9　https://www.kantei.go.jp/jp/98_abe/actions/201811/26kaigi.html

10　http://www.kantei.go.jp/jp/singi/keizaisaisei/pdf/chukanseiri.pdf

11　「第 4 章　消費税引き上げに伴う対応等」は政府策定となっている。

12　総理の私的諮問機関である国家戦略特区諮問会議が、いわゆる加計学園獣医学部新設問題で大きな役割を果たしたことがすぐに想起される。また、最近では、未来投資会議は、水道事業の民営化の一手法である「コンセッション方式」の導入を図った水道法改正議論にかかわっても、きわめて重要な役割を果たしている。「民間資金等の活用による公共施設等の整備等の促進に関する法律の一部を改正する法律」（PFI 法）において、水道事業・下水道事業にかかる公共施設等運営権を設定した自治体に対しては、当該事業に貸し付けられた旧資金運用部資金の繰上償還を認め、しかも繰上償還にかかる地方債の元金償還金以外の金銭（補償金）を受領しないものとされた（https://www8.cao.go.jp/pfi/hourei/kaisei/pdf/h30kaisei_n_gaiyou.pdf）。当然ながら、未来投資会議の前身である旧産業競争力会議以来、繰上償還を渋る財務省とのせめぎあいはあったようであるが、繰上償還制度を導入させ、しかも「一括払い」を可能とすることで、自治体のコンセッション方式導入を促し、民間事業者の参入を図る政策の中心には、未来投資会議の存在がある。「水道法改正のウラで安倍官邸が不可解な補助金新設　竹中平蔵と疑惑の補佐官が "暗躍" ?」（https://dot.asahi.com/dot/2018123100005.html）。

I 「自治体戦略 2040 構想」と第 32 次地制調による法制化の検討　*13*

図表 I —1　重要政策の司令塔は？

議長：安倍晋三首相		
未来投資会議 ＝ 成長戦略の司令塔		**経済財政諮問会議** ＝ 経済財政運営の司令塔
2016 年	創設年	2001 年
中西宏明・経団連会長、竹中平蔵・東洋大教授ら	議 員	中西会長、黒田東彦・日銀総裁、新浪剛史サントリーホールディングス社長ら
日本経済再生本部の決定	創設根拠	内閣府設置法に規定

→増税対策や社会保障政策を主導

出所：2018 年 11 月 27 日、日本経済新聞電子版

(3)　未来投資会議「未来投資戦略 2018」

　アベノミクスの成長戦略にかかわって最重要と思われるのは、未来投資会議の「未来投資戦略 2018—「Society 5.0」「データ駆動型社会」への変革」（2018 年 6 月 15 日）[13]が閣議決定されたことである（図表 I - 2 参照）。この「未来投資戦略 2018」では、「第 1　基本的視座と重要施策において、基本的考え方として、まず、デジタル新時代が進む世界の動向と日本の立ち位置を明確にして」、「次に、『Society 5.0』[14]によって人々の生活や産業、行政、インフラ、そして地域や人材がどう変わっていくか、具体的な姿を示し、また、21 世紀の『データ駆動型社会』では、経済活動の最も重要な糧が、良質、最新で豊富なリアルデータになる」。「そして、これらの変化を人々が実感し、『Society 5.0』を具体的に実現する牽引力となるフラッグシッ

13　https://www.kantei.go.jp/jp/singi/keizaisaisei/pdf/miraitousi2018_zentai.pdf

14　「Society 1.0 狩猟社会」「Society 2.0 農耕社会」「Society 3.0 工業社会」「Society 4.0 情報社会」に続く、人類史上 5 番目の新しい社会、それが「Society（ソサエティ）5.0」であり、第 4 次産業革命によって、新しい価値やサービスが次々と創出され、人々に豊かさをもたらしていくと解説されている（https://www.gov-online.go.jp/cam/s5/）。

図表 I-2　未来投資戦略 2018 概要―「Society 5.0」「データ駆動型社会」への変革―

基本的な考え方

「デジタル革命」が世界の潮流
◇データ・人材の争奪戦
◇「データ覇権主義」の概念
　（一部の企業や国家がデータを独占）

日本の
豊富な「資源」
技術力・研究力、人材、リアルデータ、資金

第4次産業革命技術がもたらす変化／新たな展開：Society 5.0

「生活」「産業」が変わる

① 自動化
◇移動・物流革命による人手不足・移動弱者の解消
　（自動運転、自動翻訳など）
② 遠隔・リアルタイム化
◇地理的・時間的制約の克服による新サービス創出
　（交通が不便でも最適な医療・教育を享受可能）

経済活動の「糧」が変わる

◇20世紀までの基盤
「エネルギー」
「ファイナンス」
→ブロックチェーンなどの技術革新で弱み克服
◇デジタル新時代の基盤
良質な「リアルデータ」
→日本の最大の強みを活かすチャンス

今後の成長戦略推進の枠組み

「産官協議会」
―重点分野について設置
―官民の叡智を結集

「目指すべき経済社会の絵姿」共有
―実現に必要な施設等を来夏までに取りまとめ

プ・プロジェクト、具体的には、次世代モビリティ・システム、次世代ヘルスケア・システムの構築、デジタルガバメントの推進などを提言」している。「さらに、これらの革新への基盤づくり、データ基盤、人材育成と大学改革、大胆な規制・制度改革、プラットフォ

Ⅰ 「自治体戦略2040構想」と第32次地制調による法制化の検討 15

強みは

課題先進国
人口減少、少子高齢化、エネルギー・環境制約等

◇「Society 5.0」で実現できる新たな国民生活や経済社会の姿を具体的に提示
◇従来型の制度・慣行や社会構造の改革を一気に進める仕組み

「行政」「インフラ」が変わる

◇アナログ行政から決別
　―行政サービスをデジタルで完結
　―行政保有データのオープン化
◇インフラ管理コスト（設置・メンテナンス）の劇的改善
　質の抜本的向上

「地域」「コミュニティ」「中小企業」が変わる

◇地域の利便性向上
　活力向上
　（自動走行、オンライン医療、IoT見守り）
◇町工場も世界とつながる
◇稼げる農林水産業
　若者就農
◇中小企業ならではの多様な顧客ニーズへの対応

「人材」が変わる

◇単純作業や3K現場でAI・ロボットが肩代わり
◇キャリアアップした仕事のチャンス
◇ライフスタイル／ライフステージに応じた働き方の選択

変革を牽引する「フラッグシップ・プロジェクト(FP)」の選定・推進

①「FP2020」：アーリーハーベスト
②「FP2025」：本格的な社会変革

官民で資源（人材・資金面）を重点配分

出所：未来投資会議資料より作成

ーマー型ビジネスに対応したルール整備を進めていくこと」にしている。「その上で、今後の成長戦略の推進体制とタイムスケジュールを明記」しており、「第2　具体的施策において、『Society 5.0』の実現に向けた、具体的な取組」を示している。[15]コンピュータ用語ら

15　https://www.kantei.go.jp/jp/headline/seicho_senryaku2013.html

しき用語が多用されており、一読してわかりにくいが、この「未来投資戦略2018」の基本的方向は、すでに同「未来投資戦略2017」で頭出しされているものである。このように、いまや未来投資会議は、経済財政諮問会議と連携しつつ、官邸の政策実現の舞台装置としての機能を果たし、官邸主導政治・行政の中心的存在になっている。[16]

(4)　合同会議「経済政策の方向性に関する中間整理」の概要

　この「未来投資戦略2018」がいうところの、IoT、ビッグデータ、AI、ロボットなどの第4次業革命の技術革新を存分に取り込み、「Society 5.0」を本格的に実現するため、各種の施策の着実な実施を図りつつ、これまでの取組の再構築、新たな仕組みの導入を図るといった戦略は、合同会議「経済政策の方向性に関する中間整理」（以下、「中間整理」）において確認された。したがって、この中間整理は間違いなく当面の日本の成長戦略の骨格を示すものである。ここでは、さしあたり本稿の検討対象である自治体戦略2040構想の検討に直接かかわる「第2章　成長戦略の方向性」の要点のみを確認しておきたい。

　まず、「成長戦略の方向性」の総論は、「潜在成長率の引上げが持続的な経済成長の実現に向けた最重要課題である少子高齢化の進行、人手不足の高まりの中で、労働生産性や付加価値の向上を通じて、潜在成長率を引き上げ、経済成長の壁を打ち破る必要がある。このため、一人ひとりが生み出す付加価値を引き上げていく観点から、AI（人間で言えば脳に相当）、センサー（人間の目に相当）、IoT（人間の神経系に相当）、ロボット（人間の筋肉に相当）といった第4次産業革命による技術革新について中小企業を含む広範な生産現場へ

16　https://www.kantei.go.jp/jp/singi/keizaisaisei/miraitoshikaigi/https://www.kantei.go.jp/jp/headline/seicho_senryaku2013.html

の浸透を図るなど企業の前向きな設備投資を引き出す取組が必要である。また、新陳代謝を含め資源の柔軟な移動を促し、従来の発想にとらわれない非連続的なイノベーションを生み出す環境を整備することにより労働生産性を引き上げる取組が不可欠である。さらに、人口減少の中、地域の連携を深め、地域に地方基盤企業を残すため、広域レベルで産業政策を推進する必要がある。第4次産業革命の技術革新により、これまでの地方の地理的制約等を解消するとともに、地域が持つ魅力を最大限引き出し、自助の精神を持って取り組む地方を強力に支援する方向で検討する」に尽きる。このことを実現するための三本の柱が、以下である。

①**Society 5.0 の実現**　AI や IoT、センサー、ロボット、ビックデータといった第4次産業革命がもたらす技術革新は、私たちの生活や経済社会を画期的に変えようとしている。技術革新を現場に積極的に取り入れ、労働生産性の向上を図る。このため、国民一人ひとりの視点に立って、ゴールイメージの共有化を図り、SDGs に向けた Society 5.0 の実現により、国民一人ひとりの生活を目に見える形で豊かにする。

②**全世代型社会保障への改革**　生涯現役社会の実現に向けて、意欲ある高齢者に働く場を準備する。併せて、新卒一括採用の見直しや中途採用の拡大、労働移動の円滑化といった雇用制度の改革について、検討を来夏に向けて継続する。また、人生 100 年時代をさらに進化させ、寿命と健康寿命の差を限りなく縮めることを目指す。現役時代から自らの健康状態を把握し、主体的に健康維持や疾病・介護予防に取り組み、現役であり続けることができる仕組みを検討する。

③**地方施策の強化**　地方経済は、急速に進む人口減少を背景に大

幅な需要減少や技術革新の停滞といった経済社会構造の変化に直面している。地域にとって不可欠な基盤的サービスの確保が困難になりつつある中で、地方基盤企業の統合・強化・生産性向上や、地域経済を担う多様な人材の確保、各地方の中枢・中核都市の機能強化、一極集中是正等を検討する。

　①②③のいずれも重要であるが、自治戦略2040構想との関係では、とくに①「Society 5.0 の実現」と③「地方施策の強化」が重要である。たとえば①の具体化で示される「業態ごとの関連法制を同一の機能・リスクには同一のルールを適用する機能別・横断的な法制へと見直し、新規事業者の参入を促進する」とか、「スマート公共サービス」の検討の方向性では、「AI 等を活用して許認可等の行政手続きを自動化し、自宅から手続き可能とする。各種行政手続きのデジタル化を超えて、行政活動そのものをデジタルデータ化し、国・自治体の行政の質と効率を向上する。行政サービスに関する多種多様なデータの統合とオープン API により自由にデータ流通が可能な基盤を構築し、分野横断的なサービスを実現する」、「国・地方業務の自動化の推進」、「AI・RPA（Robotic Process Automation／AI 等の技術を用いた業務効率化・自動処理）等を活用した政府業務の自動化の取組を拡大する」「AI、ロボット・センサー等の革新技術の実装」化、「インフラの効率的な維持管理を進めるためには…中略…点検・診断、管理台帳、工事記録等のインフラデータを紐付けた維持管理支援情報システムを全国で導入・利用する環境の整備について検討する」、「コンセッション等の手法を拡大して民間の創意工夫で効率的なインフラ維持管理を実現するため、これらの導入に取り組む自治体等の施設管理者にインセンティブを付与する仕組みを検討する」、「中核市から周辺市町村に対するサービス提供や市町村間

の共同処理、包括的民間委託によるインフラの巡視・巡回支援の促進や点検・診断業務への対象範囲の拡大等について検討する」など、拾い読みするだけでも、自治体戦略2040構想で展開される内容に直結する内容ばかりである。

2 「自治体戦略2040構想研究会」報告

(1) バックキャスティング思考から導かれる「人口縮減時代へのパラダイム転換」

　2040報告は、まず、ポンチ絵や図表・グラフを大量に用いて、コンピュータ用語を駆使して、ダイナミックに描かれているところに特徴がある。私のような年齢のものには、一般にはコンピュータ用語辞書を引きながらでないと正しく理解できない代物である。また、高齢者人口がピークを迎える2040年ころをターゲットにして、そのころの内政上の危機を前提に、それに対応する戦略を逆算的に構想するといった「バックキャスティング」思考に最大の特徴がある。

　そして内容的な特徴は、一言でいえば、自治体の「人口縮減時代へのパラダイム転換」である。すなわち、2040年ころに最大の人口縮減の危機を迎える自治体は、若年労働力をはじめとする経営資源の危機に直面し、公・共・私の協力関係を再構築して、住民生活に不可欠なニーズを満たす「プラットフォーム・ビルダー」に転換しない限り、その危機を乗り越え、自治体の役割を果たせなくなるというものである。この「人口縮減時代へのパラダイム転換」を必要とする理由は、人口拡大期には、個々の独立した自治体が行政課題の解決のために、知恵と工夫を駆使して「個別最適」を追求することで「全体最適」をもたらしたが、人口縮減期には、個々の自治体の業務のカスタマイズは、必ずしも行政サービス全体の質や水準の向上に直結せず、かえって「全体最適」の支障となるというもので

ある。

　そこで、今後の自治体には、自律的な意思決定を行う主体であることは前提としつつも、その機能を十分に発揮するため、標準化された共通基盤を用いた効率的なサービス提供体制を構築することが求められることになる。特に人口縮減が引き起こすサービスや施設の全体量の縮減に直面する都市圏にあっては、個々の自治体の「個別最適」の追求が圏域全体の衰退を招くことになるという強い危機意識が、「個別最適」と「全体最適」の両立を可能とする「圏域マネジメント」の仕組みを必然化するというのである。

　しかし、このように「個別最適」と「全体最適」の最適二分論を用いて、人口縮減期には、「個別最適」が「全体最適」の支障となるといった指摘は、何の証拠（エビデンス）もなく、人口縮減期における地方自治の憲法保障を否定する以外の何物でもない。かろうじて前提とされる自律的な意思決定主体としての自治体も、「サービス供給単位」としての「都市圏域」から分離されてしまっては、「住民参加の単位」としての自治体の民主的な自己決定の実効性を確保することは難しい。また、「生活実態等と一致した圏域を、各府省の施策（アプリケーション）の機能が最大発揮できるプラットフォームとするためには、合意形成を容易にする観点から、圏域の実体性を確立し、顕在化させ、中心都市のマネジメント力を高める必要」があるとするならば、「都市圏域」は、もはや圏域全体あるいは国全体の施策の実現のプラットフォームではあっても、個々の自治体の地方自治・地域自治のプラットフォームとはならない。むしろ、個々の自治体の固有の地方自治施策の実現は限りなく制約されてしまい、地方自治・地域自治の実現は一層遠のくだけである。このように、圏域行政体による圏域マネジメントは、はじめから圏域単位で「負担の分かち合いや利害調整を伴う合意形成」を実現する仕組みとして

構想されており、「地方分権改革」で取り残された課題、すなわち個々の自治体の地方自治、とりわけ住民自治の拡充といった問題を解決するものとはなっていないようにみえる。実際、2040報告には、地方自治や地方分権の用語は、意図的ではないかと思うほど出てこない。2040研究会名が「自治体戦略2040構想研究会」とされ、「自治戦略2040構想研究会」ではないことの理由がここにありそうである。

(2) 第一次報告のポイント

「自治体戦略2040構想」は、2040年頃にかけて迫り来る我が国の内政上の危機を明らかにし、共通認識とした上で、危機を乗り越えるために必要となる新たな施策（アプリケーション）の開発とその施策の機能を最大限発揮できるようにするための自治体行政（OS）の書き換えを構想するものである、とされる。

第二次報告の内容の整理によれば、第一次報告の要点は、以下のようである（**図表Ⅰ-3参照**）。

「高齢者人口がピークを迎える2040年頃までの個別分野と自治体行政の課題について俯瞰し、2040年頃にかけて迫り来る我が国の内政上の危機とその対応を、①若者を吸収しながら老いていく東京圏と支え手を失う地方圏、②標準的な人生設計の消滅による雇用・教育の機能不全、③スポンジ化する都市と朽ち果てるインフラの3つの柱で整理した。」

すなわち、「これらの危機を乗り越えるべく、全ての府省が政策資源を最大限投入するに当たって、自治体も持続可能な形で住民サービスを提供し続けられるようなプラットフォームであり続け」るために、自治体行政（OS）の書き換えに関する今後の基本的方向性として、以下が挙げられている。

図表Ⅰ-3　自治体戦略 2040 構想研究会　第1次報告（平成 30 年 4 月 26 日公表）のポイント

○わが国は既に人口減少局面。人口増加モデルの総決算を行い、新しい社会経済モデルの検討が必要。
○このため、人口減少が深刻化し、高齢者人口がピークを迎える 2040 年頃の姿からバックキャスティングに（逆算する形で）課題を整理。第一次報告は、

各行政分野の課題（例）

子育て
・男性も女性も働くことを前提とした保育の受け皿に未対応
・保育ニーズには地域差

医療・介護
・東京圏（一都三県）を中心に、高齢者が増加（特に 85 歳以上）
・介護人材の需給ギャップ拡大
・一人暮らし高齢者が増加。地域や家族がセーフティネットとして機能しにくい状況に
・疾病構造の変化や高齢化に対応した医療提供体制が必要

教育
・学校施設の老朽化と更新
・小規模校・廃校の発生
・地方圏での高等教育を受ける機会の喪失

2040 年頃にかけて迫り来る我が国の内政上の危機

1．若者を吸収しながら老いていく東京圏と支え手を失う地方圏
○人口ボーナスを享受してきた三大都市圏は急激な高齢化局面に突入
○東京圏は入院・介護ニーズの増加率が全国で最も高い。医療介護人材が地方から流出のおそれ
○東京圏には子育ての負担感につながる構造的要因が存在し、少子化に歯止めがかからないおそれ
○地方圏では東京からのサービス移入に伴う資金流出が常態化

2．標準的な人生設計の消滅による雇用・教育の機能不全
○世帯主が雇用者として生活給を得る従来の世帯主雇用モデルがもはや標準的とはいえない
○就職氷河期世代で経済的に自立できない人々がそのまま高齢化すれば社会のリスクになりかねない
○若者の労働力は希少化
○教育の質の低下が、技術立国として、国際競争での遅れにつながるおそれ

3．スポンジ化する都市と朽ち果てるインフラ
○多くの都市で「都市のスポンジ化」が顕在化。放置すれば加速度的に都市の衰退を招くおそれ
○高度経済成長期以降に整備されたインフラが老朽化し、更新投資が増加
○東京圏では都心居住が進むが、過度の集中は首都直下地震発生時のリスクに

関係府省と地方自治体が協力して対応

Ⅰ 「自治体戦略2040構想」と第32次地制調による法制化の検討　23

> このまま放置すれば2040年頃にかけて迫り来る3つの「内政上の危機」を提示。
> ○今後、自治体と各府省の施策（いわばアプリケーション）がうまく機能するよう、OSである自治体行政の書き換えについて検討予定。

インフラ・公共施設
・老朽化したインフラ・公共施設が増加。更新需要が増大
・管理・更新の体制確保

空間管理
・都市のスポンジ化やDID（人口集中地区）の低密度化が進行
・中山間地域では集落機能の維持が困難になる場合も

労働・産業・テクノロジー
（ICT、ロボット、生命科学等）
・2040年にかけて生産年齢人口の減少が加速
・就職氷河期世代に就業意欲がある長期失業者・無業者が多い
・地方圏には労働集約型サービス業が多く、生産性が低い
・ロボット、AI等と共存・協調が必要

公共交通
・移動手段の確保が必要な高齢者が増加
・地域交通事業者の経営悪化

治安・防災
・首都直下地震発生時には23区で避難所の収容力が不足

研究会での今後の検討の方向性

○個々の市町村が行政のフルセット主義を排し、圏域単位で、あるいは圏域を越えた都市・地方の自治体間で、有機的に連携することが必要

○都道府県・市町村の二層制を柔軟化し、それぞれの地域に応じた行政の共通基盤の構築を進めていくことも必要

○医療・介護ニーズの急増や首都直下地震への対応など、東京圏全体のサービス供給体制の構築が必要

○公・共・私のベストミックスによる社会課題の解決が求められる。活躍の場が必要な人々が多様な働き方ができる受け皿を作り出す方策について検討が必要

○自治体の業務プロセスやシステムは、大胆に標準化・共同化し、ICTの活用を前提とした自治体行政の展開が必要

出所：総務省自治行政局行政経営支援室資料（2018年10月29日）より作成

○個々の市町村が行政のフルセット主義を排し、圏域単位で、あるいは圏域を超えた都市・地方の自治体間で、有機的に連携することで都市機能等を維持確保することによって、人が人とのつながりの中で生きていける空間を積極的に形成し、人々の暮らしやすさを保証していく必要がある。

○人口減少が先行して進んできた県においては、県が市町村と一体となって様々な施策を展開して地域を守ろうとする動きが顕著になっている。都道府県・市町村の二層化を柔軟化し、それぞれの地域に応じた行政の共通基盤の構築を進めていくことも必要になる。

○医療・介護ニーズの急増や首都直下地震への対応など、東京圏の大きな行政課題に対処していくためには、いわゆる埼玉都民や千葉都民なども含めた東京圏全体のサービス供給体制を構築していく必要がある。

○若年層の減少により、経営資源としての人材の確保がより難しくなる中、公・共・私のベストミックスで社会課題を解決していくことが求められる。他方、定年退職者や出産を機に退職した人など、企業等で築き上げた能力が十分活かされず、活躍の場を求めている人も多い。就職氷河期世代には、これまで十分活躍の場が与えられてこなかった人がいる。こうした人々が多様な働き方ができる受け皿を作り出す方策について検討する必要がある。

○これまで自治体が個々にカスタマイズしてきた業務プロセスやシステムは、大胆に標準化・共同化する必要がある。更には、今後、ICT の利用によって処理できる業務はできる限り ICT を利用するという ICT の活用を前提とした自治体行政を展開する必要がある。

(3) 第二次報告のポイント

　第二次報告では、第一次報告の基本的方向を受け、「スマート自治体への転換」、「公共私によるくらしの維持」、「圏域マネジメントと二層制の柔軟化」、および「東京圏のプラットフォーム」について議論がなされ、これらの制度設計の方向性が検討されている。これらの個別的検討は、これらを具体化する第32次地制調・同専門小委員会の議論と合わせて行うこととし、さしあたりここでは、2040研究会の第二次報告「新たな自治体行政の基本的考え方①②」のポンチ絵だけを掲げておく（図表Ⅰ-4、Ⅰ-5参照）。

(4) 「自治体戦略の基本的方向性」の概括的評価

　第一次報告で、2040年頃を見据えた自治体戦略の基本的方向性はほとんど決められている。第二次報告は、その具体的制度設計の指針とでもいうべきものである。

　2040報告は、国際社会からの信任の調達のためには経済・財政の健全性の確保が不可欠とするが、誰がここまでにしたのかといった政治・行政責任の総括はない。結局は、社会の責任に押し付け、「社会の機能不全を自ら克服できるという意味でのレジリエンス（＝社会の強靱性）」が問われるといった社会の「自己責任」論に行きつくだけである。

　人口減少社会は、日本行政の根源的な制度設計の改革を迫るため、すべての中央府省庁が各行政分野でまず改革に取り組む必要があるが、それを国内の隅々にいきわたらせるためには、否応なく自治体行政も見直す必要があるというものである。したがって、はじめに「国家戦略」ありきであり、これに従属する「自治体戦略」ということになる。すべての中央府省庁が政策資源を最大限効率的に投入するにあたって、その手足・末端行政として、医療・福祉・介護、子

図表 I-4　新たな自治体行政の基本的考え方①

労働力（特に若年労働力）の絶対量が不足

人口縮減時代のパラダイムへの転換が必要

スマート自治体への転換

＜破壊的技術（AI・ロボティクス等）を使いこなすスマート自治体へ＞
- □ 経営資源が大きく制約されることを前提に、従来の半分の職員でも自治体が本来担うべき機能を発揮できる仕組みが必要。
- □ 全ての自治体で、AI・ロボティクスが処理できる事務作業は全てAI・ロボティクスによって自動処理するスマート自治体へ転換する必要。

＜自治体行政の標準化・共通化＞
- □ 標準化された共通基盤を用いた効率的なサービス提供体制へ。
- □ 自治体ごとの情報システムへの重複投資をやめる枠組みが必要。円滑に統合できるように、期限を区切って標準化・共通化を実施する必要。
  ⇒ 自治体の情報システムや申請様式の標準化・共通化を実効的に進めるためには、新たな法律が必要となるのではないか。

【現状】　　　　　　　　　　　　　　　　　　【スマート自治体】
　A市　　　B町　　　　　　　　　　　　　　　A市　　　B町

職員による事務処理　　→　労働力制約の下でも
　　　　　　　　　　　　本来の機能を発揮

　　　　　　　　　　　　　　　　　　　　　AI・ロボティクスによる
　　　　　　　　　　　　　　　　　　　　　自動処理など

情報システム　情報システム

カスタマイズ＝個別投資　→　重複投資をやめる　　情報システム等の共通基盤
　　　　　　　　　　　　　　　　　　　　　　　　　　（標準化）

I 「自治体戦略2040構想」と第32次地制調による法制化の検討　27

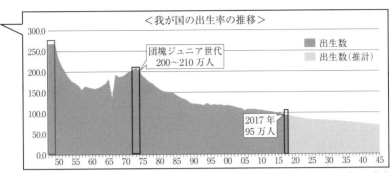

出典:「人口動態統計」及び「将来推計人口」から作成

公共私によるくらしの維持

<プラットフォーム・ビルダーへの転換>
- □人口減少と高齢化により、公共私それぞれのくらしを支える機能が低下。
  ⇒自治体は、新しい公共私相互間の協力関係を構築する「プラットフォーム・ビルダー」へ転換する必要。
- □共・私が必要な人材・財源を確保できるように公による支援や環境整備が必要。

<新しい公共私の協力関係の構築>
- □全国一律の規制を見直し、シェアリングエコノミーの環境を整備する必要。
- □ソーシャルワーカーなど技能を習得したスタッフが随時対応する組織的な仲介機能が求められる。

<くらしを支える担い手の確保>
- □定年退職者や就職氷河期世代の活躍の場を求める人が、人々のくらしを支えるために働ける新たな仕組みが必要。地域を基盤とした新たな法人が必要。
- □地方部の地縁組織は、法人化等による組織的基盤の強化が必要。

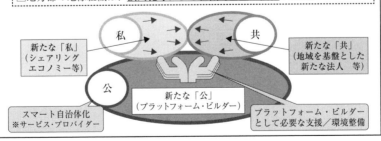

出所:図表Ⅰ-3に同じ

図表Ⅰ-5 新たな自治体行政の基本的考え方②

圏域マネジメントと二層制の柔軟化

＜地方圏の圏域マネジメント＞
- □個々の市町村が**行政のフルセット主義から脱却**し、**圏域単位での行政をスタンダード**にし、戦略的に圏域内の都市機能等を守る必要。
- □現状の連携では対応できない**深刻な行政課題への取組**を進め、広域的な課題への対応力（圏域のガバナンス）を高める仕組みが必要。
- □**個々の制度に圏域をビルトイン**し、連携を促すルールづくりや財政支援、連携をしない場合のリスクの可視化等が必要。
- ⇒**圏域単位で行政を進めること**について**真正面から認める法律上の枠組み**を設け、中心都市のマネジメント力を高めることが必要ではないか。

＜二層制の柔軟化＞
- □**都道府県・市町村の二層制を柔軟化**し、それぞれの地域に応じ、都道府県と市町村の機能を結集した行政の共通基盤の構築が必要。
- □核となる都市がない地域では**都道府県が市町村の補完・支援**に本格的に乗り出すことが必要。
- □都道府県・市町村の垣根を越え、**専門職員を柔軟に活用**する仕組みが必要。

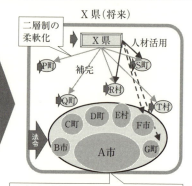

都市圏で維持できるサービスや施設の全体量は縮減。圏域単位での行政が必要。個々の制度に圏域をビルトイン。

育て・教育、公共施設運営、空間管理など、個別の住民への行政サービスを提供する自治体の存在が不可欠であるというにすぎない。

しかし、「公・共・私のベストミックス」政策は、自治体には「サ

I 「自治体戦略2040構想」と第32次地制調による法制化の検討　29

┌─**東京圏のプラットフォーム**─────────────────────────┐
│ **＜三大都市圏それぞれの最適なマネジメント手法＞**
│ ┌──────────────────────────────────┐
│ │ □東京圏では、市町村合併や広域連携の取組が進展していない。**早急に近隣市**
│ │ **町村との連携やスマート自治体への転換**をはじめとする対応を講じなけれ
│ │ ば、人口減少と高齢化の加速に伴い危機が顕在化。
│ │ □社会経済的に一体性のある圏域の状況は、三大都市圏で異なる。最適なマネ
│ │ ジメントの手法について、**地域ごとに枠組みを考える必要**。
│ └──────────────────────────────────┘
│ **＜東京圏のプラットフォーム＞**
│ ┌──────────────────────────────────┐
│ │ □利害衝突がなく連携しやすい分野にとどまらず、連携をより深化させ、**圏域**
│ │ **全体で負担の分かち合いや利害調整を伴う合意形成**を図る必要。
│ │ 　⇒今後も我が国の有力な経済成長のエンジンとしての役割を果たしていくた
│ │ 　　め、東京圏全体で対応が必要となる深刻な行政課題に関し、**国も含め、圏**
│ │ 　　**域全体でマネジメントを支えるようなプラットフォーム**についての検討が
│ │ 　　必要。
│ │ 　▶長期にわたる**医療・介護サービス供給体制**を構築する必要。
│ │ 　▶首都直下地震に備え、**広域的な避難体制**の構築が必要。
│ │ 　▶仕事と子育て等を両立しやすい環境づくりの観点からも、都心に通勤し
│ │ 　　なくても済むような、東京23区外で**職住近接の拠点都市**の構築が必要。
│ └──────────────────────────────────┘

出所：図表Ⅰ-3に同じ

ービス・プロバイダー」から「プラットフォーム・ビルダー」へ転換することを求め、自治体が住民への行政サービス提供主体であることすらも縮減または放棄させてしまう。自治体には住民の合意形

成をコーディネートする役割が求められ、あたかも非自治体（NPO、民間企業等）による行政サービス提供の支援の役割だけが期待されるといわんばかりである。住民への行政サービス提供における民間主導の姿は、そう遠くない時期に現実となるのかもしれない。

　都市部と農村部、東京圏と東京圏以外など、地域によって大きく異なる自治体事情は自覚されているようであるが、「圏域マネジメント」といった発想からすれば、これも標準化・共通化・ネットワーク化で克服すべき対象なのであろう。自治体は、「地域の戦略本部として、制度や組織、地域の垣根を越えて、資源（施設や人材）を賢く戦略的に活用する必要がある。個々が部分最適を追求することにより合成の誤謬に陥らないようにしなければならない」といったように、個々の自治体が部分最適を追求することが複雑性を増し、効率化を阻害し、全体利益を損うというならば、地方自治は無用となる。正々堂々と地方自治の無用論を喝破しているものである。

　このような考え方の背景には、労働力不足や経営資源の制約を理由に、なにより行政の効率化・資源の活用を優先する考え方が横たわる。「スマート自治体への転換」は、その典型である。AI（人工知能）やロボティックスを活用した「スマート（賢い・洗練された）」自治体がイメージされているはずであるが、私にはどうしても日本語的な語感の「スマート」、よく言えば「スリム」、悪く言えば「痩せた」自治体になるリスクが高いように見受けられる。

　「破壊的技術（Disruptive Technologies）[17]」といったコンピュータ用語も信用できない。「破壊的技術」の活用による行政内部組織（バックオフィス）の自動化・合理化・省力化、情報システムの共通化などはひとつの組織改革論理であろうが、法律を学ぶ者にとっては、「人権破壊的技術」になってしまわないかとの危惧が先立

──────────
17　新たな価値基準の下で優れた特長を有し、従来技術を代替する新技術を指す。

つ。たとえば、日本学術会議第177回総会（2018年10月3日）で特別講演「Society 5.0への課題」を行った大沢真理氏は、未来投資会議「未来投資戦略2018」を取り上げた中で、「Society 5.0（超スマート社会）」では、大量の情報をもとにAIが自ら考え最適な行動をとり、自律的な最適化を図ることを一定評価しながらも、「データ覇権主義」・「デジタル専制主義」への懸念も示されていた。これと関係して興味深かったのが、「日本企業のICT投資の問題」を論じた中で、「ICT導入が総要素生産性TFP[18]とより強く相関するのは、企業組織が『分権的』な場合」に限られるという指摘と「企業組織の分権度は、その本社がある社会の『一般的信頼』と相関」するという指摘であった。日本の企業組織の分権度がギリシャについで低いというのにも驚いたが、この意味では日本はまったくの「低信頼社会」であることもわかった。このような「低信頼社会」日本における「スマート自治体への転換」の実現度を考えると、いまだに「未完の分権改革」の行政分野において、ICT導入に過度の期待は持てそうもない。

　自治体戦略2040の概括的評価はこの程度にして、2040報告の具体化・法制化と目される第32次地制調の議論の検討に移ろう。

18　「総要素生産性」（あるいは全要素生産性）とは、「経済学においては、生産を行う場合に必要なもの（生産要素）として資本と労働を考える。通常、生産するために投入する資本や労働が増加すればそれとともに生産も増加すると考えられる。しかし、生産要素の投入を増加させなくても生産が増加することがある。例えば、技術進歩が起きると、それ以前と同じ生産要素の投入量でより多くの生産を行うことができる。このように、資本と労働の増加によらない生産の増加を表すものは全要素生産性（Total Factor Productivity : TFP）と呼ばれる。TFPは、具体的には、技術進歩、効率化などを表すと考えられる。」（内閣府解説 https://www5.cao.go.jp/j-j/sekai_chouryuu/sh04-01/sh04-01-fuchu.html）

3 第32次地方制度調査会と同専門小委員会の法制化論の検討

(1) 「未来投資会議」から「自治体戦略2040構想研究会」、そして第32次地制調へ

2040報告の内容を読めば読むほど、未来投資会議「未来投資戦略2018」、合同会議「経済政策の方向性に関する中間報告」、そして総務省・自治体戦略2040構想研究会報告が軌を一にしていることがわかる。そうであるとすれば、さいごに残るのはその制度化・法制化である。自治制度官庁である総務省の出番ということになる。

第二次報告が出された（2018年7月3日）直後の、2018年7月5日、第32次地制調が発足し、安倍総理から「人口減少が深刻化し高齢者人口がピークを迎える2040年頃から逆算し顕在化する諸課題に対応する観点から、圏域における地方公共団体の協力関係、公・共・私のベストミックスその他の必要な地方行政体制のあり方について、調査審議」することが諮問された。第二次報告において整理された①「スマート自治体への転換」、②「公共私によるくらしの維持」、③「圏域マネジメントと二層制の柔軟化」、および④「東京圏のプラットフォーム」の具体化・法制化が、そのまま第32次地制調にゆだねられた格好になる。さしあたり本稿では、特に第32次地制調と同専門小委員会の中心的な検討課題となる地方制度・自治制度にかかる②と③を中心に検討したい。

(2) 自治体戦略2040構想と第32次地制調を繋ぐ者・繋ぐもの

自治体戦略2040構想研究会と第32次地制調を繋ぐ者は、前総務省自治行政局長・山﨑重孝氏に他ならない。かねて山﨑は、地方行政の課題について、「個々の地方自治体の不連続なイノベーションと個々の地方自治体を超えた連携」が鍵であり、「縮小する経営資源の

中で持続可能な行政サービスの供給体制」の構築が不可欠であると述べていたところである。このような山﨑の2040年を起点とするバックキャスティング思考は、究極のところ、これからの地方統治構造の改革にあるようであるが、これまでの地方分権改革や市町村合併について振り返りはするけれど、地方自治の憲法保障論や地方分権改革の理念論、あるいはその具体化である1999年地方自治法改正の評価には深く立ち入らない。たとえば、平成の市町村合併については人口減少に入る局面で国民的議論を喚起したとか、その後の人口減少を考えると「非常に適切な改革」であったなどといったうわべの総括しかせず、もっぱら「地方政府のサービス供給体制」論に終始するものである。そして、その議論の要諦は、都市圏域を中心としたサービス提供の効率化・標準化・アウトソーシング化・ネットワーク化である。しかも、山﨑のいう「地方政府」論は、「住民参加の単位」と「サービス供給単位」の二分論を当然の前提として、都市圏域単位でのサービス基盤の共有が進めば、「住民参加の単位」としての「基礎自治体」はネットワークで結ばれ、「サービス供給単位」としての「都市圏域」を構築するといった「圏域行政体」論が中心となっており、そもそも都道府県・市町村の二層制を前提としない「地方政府」論になっているところに特徴がある。[20]

このように一瞥するだけで、山﨑の「地方政府のサービス供給体制」論、「圏域行政体」論あるいはこれに連動するであろう「基礎自治体」論が、2040報告に影響を与え、そのまま第32次地制調と同専門小委員会の最重要の検討課題となっていることは一目瞭然である。

19　山﨑「「2040年」」『地方自治』2018年1月号（842号）12頁。

20　山﨑「地方統治構造の変遷とこれから」総務省『地方自治法施行70周年記念自治論文集』（http://www.soumu.go.jp/menu_seisaku/chiho/02gyosei01_04000320.html）2018年、939頁以下。

34

　以下では、このような自治体のサービス供給体制のあり方、そのための圏域行政・圏域マネジメント論、自治体の広域連携論、自治体の補完・支援論、脱総合行政主体（フルセット主義）論、新たな地域運営組織・地域自治組織論などの法制化にかかる議論のうち、いくつかを拾い上げて検討してみよう。

⑶　「総合行政主体（フルセット主義）」からの脱却と「圏域マネジメントと二層制の柔軟化」論

　「圏域マネジメントと二層制の柔軟化」にかかわって、「個々の市町村が行政のフルセット主義から脱却し、圏域単位での行政をスタンダードにし、戦略的に都市機能等を守る必要」があるとされているところから、都道府県と市町村の二層制といった、古くて新しい法律問題が浮かび上がる。

　まずは、「地方分権改革」論や「基礎自治体」論についての山崎の考え方を見ておこう。「地方分権改革」等について山﨑が著した論文は枚挙に遑がないが、なかでも「「平成の合併」の節目を迎えて」[21]という論文は、「平成の合併」の経緯・意義・課題・展望を整理したもので興味深い内容となっている。要点は、①「平成の合併」は、第一次地方分権改革の必然であり、自己決定・自己責任といった地方分権の理念を現実化するためには「基礎自治体」を形成することが不可欠であったこと。②「少子・高齢化、人口減少」が深刻化する中

21　たとえば「地方分権一括法と基礎的自治体のあり方についての一考察」『地方自治』663号、「基礎的地方公共団体のあり方」『自治研究』79巻10号、「新しい「基礎自治体像」について（上・下）」『自治研究』80巻12号、81巻1号、「分権型社会における自治体経営の刷新戦略―新しい公共空間の形成を目指して」『地方自治』695号、「「平成の合併」の節目を超えて」『地方自治』703号、「これからの基礎自治体の事務処理における制度的な連携のあり方についての一考察」『地方自治』730号、「定住自立圏構想について（1）～（6・完）」『自治研究』85巻5号～86巻9号、などを参照。これらの文献を読むと、山﨑は、当初、明らかに「基礎的地方公共団体」の規模能力拡大論を支持あるいは主導し、総合行政主体（フルセット主義）を唱えて、総務省の市町村合併論の理論的な立役者であったことがわかる。

で、市町村の経営規模の拡大による最善の効率化は国民の共感を呼ぶものであること。③日常生活圏域の拡大は圏域の経営責任を担うことができる行政主体を必要とすること。そして、④行政改革が必要であること、である。このころすでに山﨑の関心は、市町村合併を超えて圏域行政経営主体論に傾いていたことがわかる。

その後、山﨑は、「平成の合併」で規模拡大を果たした「基礎自治体」を前提とした「基礎自治体の連携」のあり方論に急速に傾斜することになる。これは、山﨑が広域連合制度や定住自立圏構想の立案等にかかわってきたことが関係するのだろう。総務省あげての自治体の事務の共同処理方法の模索は、やがて「基礎自治体」の事務処理にかかる「制度的連携」を必然とする方向に舵を切ることになる。「基礎自治体」の「制度的連携」について挙げられた課題の中で、「今後の基礎自治体における事務の制度的連携は、あえて構成団体と別の地方公共団体を設けて行うという手法以外のやり方を工夫してゆく必要がある」として、「広域市町村圏政策」を「機能的合併」[22]を模索したものと位置づけていたところに、今日の圏域行政・圏域マネジメント論の萌芽を見ることができる。

このように見てくると、いわゆる「総合行政主体（フルセット主義)」論は、あるときにはあたかも市町村の規模・能力の拡大を目的に資するため、すなわち市町村合併を正当化し推進する理論として活用され、そしていまでは、逆に、「総合行政主体（フルセット主義)」からの脱却というかたちで、圏域行政・圏域マネジメントを正当化し推進する理論として使われる魔法の概念のように見える。憲法が保障する地方自治の内容としていわれる「全権限性の原則」

22　「機能的合併」という概念の使用にも驚かされるが、本人が意識しているか否かはわからないが、広域行政・圏行政との関係だけでなく、自治体内部の狭域行政との関係でも問題となる、いわゆる「機能的自治」論に関係する考え方が示されている。

や「補完性の原理」といった法的概念とは別物の政治的概念であることがわかる。

　山﨑の「地方政府」論は、都市圏域単位でのサービス基盤の共有が進めば、「住民参加の単位」としての個々の「基礎自治体」（法律学上の基礎的地方公共団体や基礎的自治体ではない）がネットワークで結ばれ、「サービス供給単位」としての「都市圏域」を構築するといった「圏域行政体」論が中心であり、そもそも都道府県・市町村の二層制を前提としない「地方政府」論であることから、この[23]「圏域」は「県域」を超えることもあれば、そうでない場合もありうる。重要なのは、当該圏域に「核となる都市」[24]がある場合は、これがもっぱら圏域マネジメントを担うことになるが、「核となる都市」がない場合は、府県がこれを支えるといったものであり、「圏域行政体」は議会と執行機関を備えた地方自治法上の地方公共団体ではなく、この意味で民主的正統性を欠く団体であることである。したがって、地方自治法上の基礎的な地方公共団体（「地方分権改革」のキーワードであった、いわゆる「基礎自治体」ではなく、基礎的自治体といわれる一般市町村）は、「核となる都市」を中心とした圏域

23　山﨑「地方統治構造の変遷とこれから」総務省『地方自治法施行70周年記念自治論文集』（http://www.soumu.go.jp/menu_seisaku/chiho/02gyosei01_04000320.html）2018年、939頁以下。

24　「核となる都市」の定義は不明である。「東京一極集中是正のための中枢中核都市の機能強化の「支援施策の方向」」（2018年7月12日都市再生本部決定、まち・ひと・しごと創生本部決定）を踏まえ、「「地域魅力創造有識者会議」報告書」（2018年12月18日）がとりまとめられ、すでに82市が「中枢中核都市」として指定されている（自治日報2018年12月19日）ところを見ると、これが有力か。「中枢中核都市」は、法令上の概念ではないが、いまのところその範囲は、東京圏（東京都、埼玉県、千葉県、神奈川県）以外に位置し、昼夜人口比率が概ね1.0未満の都市を除いたもののうち、地方自治法上の指定都市（252条の19第1項）・中核市（252条の22第1項）、地方自治法の一部を改正する法律（平成26年法律第42号）附則第2条の施行時特例市、県庁所在市、連携中枢都市圏構想推進要綱（総務省自治行政局長通知）の連携中枢都市が範囲とされる。これらに対する支援策は、いまのところ省庁横断支援チームによるハンズオン支援や地方創生推進交付金などであるが、今後機能強化が予定されているようである。

マネジメントのネットワークに属するか、そうでなければ、従来どおりの府県を中心とするネットワークに属するかということになる。この意味では、「圏域マネジメント」といっても、その「圏域」は、「府県圏域」、「都市圏域」および「東京圏域」の３圏域があることに注意したい。それぞれの圏域固有の問題もあれば、圏域間の問題もあり、そう簡単な問題ではない。

　また、「生活実態等と一致した圏域を、各府省の施策（アプリケーション）の機能を最大発揮できるプラットフォームとするためには、合意形成を容易にする観点から、圏域の実体性を確立し、顕在化させ、中心都市のマネジメント力を高める必要」があるといわれるところであるが、このような場合、「核となる都市」を中心とする「都市圏域」は、圏域全体あるいは国全体の施策の実現のための文字どおり「足場」（プラットフォーム）となるだけであり、個々の自治体の自治施策の実現は限りなく制約されてしまうのではないか。当初はともかく、地方自治法上の基礎的な地方公共団体は、結局は中心都市のマネジメント力の支配下に置かれることになるだけであり、「圏域マネジメント」のもとで、自らの自治の放棄と引き換えに何を得ることができるのであろうか。

　少しでもこれからの地方統治構造や地方政府を論じるつもりならば、この間の「地方分権改革」論議における「基礎自治体」論、総合行政主体論、市町村合併論の検証が十分になされ、地方自治法に定められた地方自治の指導理念である補完性原理や国と地方の役割分担論などの法的議論が尽くされることが不可欠である。さもなければ、日本国憲法が保障している地方自治は、「地方分権改革」の「逆機能」にさらされ、蛻の殻になる危険がある。

　さらに、様々に模索される制度的連携論は、圏域全体にわたる大きな機能連携であれ、小規模自治体間の小さな機能連携であれ、

個々の自治体の一層強い自治権保障がない限り、いつでも道州制や市町村合併といった大規模自治体論に転嫁する恐れがないとは限らない。ただ個人的には、2040報告や山﨑の議論の理論方向は、むしろ行政学などでいうところの政策ネットワーク論やガバナンスネットワーク論に親和的であると考えられ、これに道州制の導入に執念を燃やす政治（家）的要素が加わり、結果としての道州制や市町村合併の議論があることは否定しないが、さしあたりそれを目的としているとは考えられない。あえて善解すれば、「区域に基づく地方自治」に加えて「公・共・私のベストミックス」（協働）を前提とする「機能的自治」の諸制度を模索するところからして、「多次元総合防衛力」論（防衛省）ではないが、「多次元統合型地方統治構造」論とでもいえそうである。

(4) 「地域運営組織」・「新たな地域自治組織」論

　次に、この間の「地方分権改革」で先送りされてきた住民自治のあり方に密接にかかわる「地域運営組織」[25]と「新たな地域自治組織」[26]の議論を見ておきたい。総務省などの理解では、地域運営組

25　さしあたり総務省「暮らしを支える地域運営組織に関する調査研究事業報告書」（2015年）では、「地域の生活や暮らしを守るため、地域で暮らす人々が中心となって形成され、地域内の様々な関係主体が参加する協議組織が定めた地域経営の指針に基づき、地域課題の解決に向けた取り組みを持続的に実践する組織」と定義される。一方、「まち・ひと・しごと創生総合戦略（改訂版）」では、持続可能な地域をつくるため、「地域デザイン」（今後もその集落で暮らすために必要な、自ら動くための見取り図）に基づき、地域住民自らが主体となって、地域住民や地元事業体の話し合いの下、それぞれの役割を明確にしながら、生活サービスの提供や域外からの収入確保などの地域課題の解決に向けた事業等について、多機能型の取組を持続的に行うための組織と定義されている。

26　そもそも地域自治組織とは何かという問題がある。たとえば飯島淳子氏は、この「地域自治組織」による自治を「重層化された中間団体による自治」のひとつとしてとらえ、1990年代の統治構造改革・地方分権改革後の住民自治の存在意義を問い直す試みであるといった評価を行っている（飯島「地方自治と法理論」前掲・総務省『地方自治法施行70周年記念自治論文集』271頁以下、特に278頁）。この視点は、「団体自治と住民自治という伝統的な図式は、国と住民との間の中間団体という眼鏡を通して地方公共団体の法規範を読もうとする

織は、あくまでも地方自治法上の認可地縁団体（自治会・町内会など）のような私的団体（私的自治組織）であり、一方、地域自治組織は、地方自治法の地域自治区のような公法人（あるいはその一部）であるといった二分論が前提となっているようである。そのうえで、まずは地域運営組織で解決困難な問題をどのように解決するかを出発点にしながら、地域運営組織の見直し・さらなる法人化を議論し、さらに新たな地域自治組織の法制度化に腐心しているようである。

　まず、地域運営組織については、総務省地域力創造グループ地域振興室「平成28年度・平成29年度地域運営組織の形成及び持続的な運営に関する調査研究事業報告書」(2017年・2018年)や総務省「地域自治組織のあり方に関する研究会報告書」(2017年)などでも議論されてきており、既存の認可地縁団体の改革による狭域自治の一層の促進を図るほか、新たな地縁型法人制度の必要性が議論されてきたようである。議論の焦点は、あくまでも私的団体（私的自治組織）でしかない地域運営組織に「地域代表性」を付与したり、フリーライドを解消するための「強制加入制度」を導入したりすることが法的に可能かということであったようである。結局、法的には、私的団体（私的自治組織）にこのような権能・権限を与えることはなかなか困難であるということから、議論はおのずと公法人に属するとされる地域自治組織に移行したように見える。

　上記の総務省「地域自治組織のあり方に関する研究会報告書」では、「地域運営組織」にかかる地方自治法上の認可地縁団体の見直し

───────────────

もの」であるが、日本国憲法・地方自治法の施行後70年を経過したいまでも、なおその眼鏡のピントが合っているかを問うことから出発している。そして、地方公共団体内部に中間団体の存在を認めることの意義は、法が地方公共団体の3要素を区域・住民・法人格とすることで、個人を《住民》としての側面だけでとらえ、《生活者住民個人》としてとらえることを避けてきたことを自覚的にとらえ直すことにあるようだ。《生活者住民》の側面にかかる共通利益を実現する任務を負った団体の重層構造の構築による住民の自己統治と個人の自己実現の可能性を展望するものである。

のほか、「新たな地域自治組織」のあり方として、もっぱら「公共組合」の法形式あるいは「特別地方公共団体」の法形式といったふたつの法的構成の可能性が検討され、いずれにしても市町村より狭域において市町村の民主的意思形成過程とは別の意思形成に基づく自治組織化の可能性が模索されてきている。同研究会の認識は、これまで繰り返されてきた市町村合併によって、規模・能力が拡大してきた市町村（「基礎自治体」）において狭域自治が機能しにくい状態に陥っているところにありそうである。

　第32次地制調専門小委員会委員長である山本隆司氏は、「公共組合としての地域自治組織」と「特別地方公共団体としての地域自治組織」の利点・欠点を検討しつつ、前者とは別に後者を制度化する意義として、「地域自治組織が事務処理のための資源を動員する力が比較的弱い場合、あるいは、普通地方公共団体の全体にとっての課題とそれぞれの地域自治組織にとっての課題との間に比較的大きな共通性がある場合には」、「普通地方公共団体と一体的に運営される『特別地方公共団体としての地域自治組織』の制度が適している[27]」と考えているようであるが、おそらく専門小委員会で詰められることになろう。

　さて、地域自治組織の法形式をどのようにするかにかかわって、山本は、「新たな地域自治組織」の検討にあたって、米国のBID（Business Improvement District）等を引き合いに出しながら、詳細な法的検討を行っているところであるが、実際の法制度構想にあたっては、「機能的自治」・「機能的自治団体」の議論が活発なドイツ行政法の議論を直接の検討素材としている。山本の理論的関心は、もっぱら「機能的自治の法構造」にあるようである。はたして「機能的

27　山本「「新たな地域自治組織」とBID」『地方自治』2018年6月号（847号）2頁以下、特に31頁以下。

自治」と「地域自治組織」がいかなる関係にあるかがそもそも問題である。ドイツでは、「機能的自治」（funktionale Selbstverwaltung）は、「国や地方公共団体の組織法令に基づき、しかし国や地方公共団体から一定程度独立に、特定の公的な任務・事務を遂行することを目的として、当該事務の利害関係者の全員が構成員となる団体を組織することを意味する」と理解されている[28]。このため、「機能的自治」は、当該自治体における居住を要件として当然に住民となり、選挙権の行使等をとおして自治体行政への参加権・行政サービス受給権を保障される「区域に基づく地方自治」とは本質的に異なるとされる。このため、「機能的自治」が認められるためには、当該「機能的自治団体」の構成員の利益の均質性・同質性が保証され、当該団体の決定の効果が及ぶ範囲が構成員に限られるなどの制約がある。つまり、「機能的自治」は、「区域に基づく地方自治」におけるような選挙権によって担保されるような住民参加による「民主的正統化」が不足するため、いわば「構成員自治」による「自律的正統化」で補われねばならないという宿命を負っているといえる。山本は、これを「法原理としての自律的正統化」・「組織法構造としての機能的自治」とすることで理論的困難の克服を試みるが、その成否はいまのところ判断できない。「新たな地域自治組織」を公共組合あるいは特別地方公共団体といった地方公共団体の法形式のいずれによって構想するにせよ、吟味しなければならない最重要の行政法問題である。

　この点、門脇美恵氏のドイツの機能的自治に関する研究が有益である[29]。その門脇の直近の論文が正しく指摘するように、たしかに

28　山本「機能的自治の法構造—「新たな地域自治組織」の制度構想を端緒にして」前掲・総務省『地方自治法施行70周年記念自治論文集』217頁。

29　門脇「ドイツ疾病保険における保険者自治の民主的正統化（一）～（四・完）」『名古屋大学法政論集』242号（2011年）、247号（2012年）、251号（2013年）および252号（2013年）、同「機能的自治に関して基本権が有する意味の諸相」同277号（2018年）。

2040報告には地域自治組織に関する具体的言及はないが、専門小委員会委員長の山本の「機能的自治」論にかかわる「『地域自治組織』による『機能的自治』の条件[30]」の叙述が興味深い。すなわち、「機能的自治組織」は、立法者によって付与された特定の公的任務にかかわる当事者を構成員とする「法人格をもつ公法上の社団」であり、いわゆる公権力の行使を行うことができる団体である。それゆえ、本来は議会を淵源とする「民主的正統化」を要するものであるが、それが不足するがゆえに、「機能的自治」は民主制原理と対立する。しかし、「機能的自治」における公権力の行使の正統化は、「同質的な利益に方向づけられた構成員の参加」に基礎づけられた「自律的正統化」によって可能であり、これをいかに民主制原理と組み合わせられるかが理論的問題の焦点になるという。このように考えられるならば、問題は、「同質的な利益に方向づけられた構成員の参加」における「利益の同質性」ということになろう。ドイツの「疾病金庫」制度における「公的医療保険を運営する利益」のように、機能的自治組織の任務の内容・性質から合理的に定まる場合はよいとしても、その任務の内容・性質から合理的に定まらない場合に問題となる。たとえば、日本の介護保険のように、自治体の住民であれば誰でも、基礎的自治体によって給付されてきた行政サービスについて、基礎的自治体の給付を最低限に抑えて、上乗せサービス部分を地域自治組織の「機能的自治」に肩代わりさせるようなことは許されない、という指摘は的を射ている。

　実は、「機能的自治」論は、広域自治にも狭域自治にも適用可能な「自治組織・作用」論であり、2040報告における「圏域行政・圏域マネジメント」においても内在する考え方となりうる。「機能的自

30　門脇「『機能的自治組織』による『機能的自治』の限界」『住民と自治』2019年2月号、35頁。

治」は「区域に基づく地方自治」を容易に飛び超えることが可能である。2040 報告の通奏低音である自治体行政の効率化・共通化・標準化・ネットワーク化・アウトソーシング化との親和性は高いように見え、それだけに慎重な検討が必要である。[31]

さらに、「機能的自治」・「機能的自治団体」については、費用負担の問題がある。区域に基づく地方自治の場合は、原則、租税負担、例外的に、負担金、分担金等（いわゆる「受益者負担金」）ということになろうが、「機能的自治」の場合は、構成員に対する「非租税公課」（税外負担）の問題は避けて通れない。いったい誰が、このような「受益者負担」を負い、「機能的自治団体」の意思決定に際して、いったいどの範囲でどのような参加権を認めるのか、団体への強制加入の仕組みをどうするのかなど、検討すべき課題は多い。この点、原田大樹氏が、日本版 BID ともいわれる改正地域再生法（2018 年）における「街区」の地域再生エリアマネジメント負担金制度を紹介・分析しているが、狭域自治の法制度を考察するにあたって有益である。これは賦課金による制度設計になっているが、これが不可能なときに、どのようにするか。地域運営組織と地域自治組織にかかる地域自治の法制度設計論の具体の議論は始まったばかりである。[32]

おわりに―自治体戦略 2040 構想 VS. 地方自治の憲法保障戦略構想

本稿の課題は、自治体戦略 2040 構想について、地方自治の憲法保障の観点から批判的に検討することにあった。2040 構想についての素朴な疑問は尽きないが、何よりもこの 2040 構想によって、人口

31　行政法学方法論からすれば、「制度の機能的理解」など、機能的な考察・方法と深くかかわる問題であり、究極のところ、斉藤誠が紹介するところの「機能適正な機関構造（funktionsgerechte Organstruktur）」論あるいは「機関適正（Organadäqanz）」論にかかわる根本問題ではないかというのが、さしあたりの私見である。今後の検討課題としたい。

32　原田「地域自治の法制度設計」『地方自治』2018 年 7 月号（848 号）2 頁以下。

減少時代の地方自治保障に関する新しい価値観が何か示されたのか
が一番大きな疑問である。この間の地方創生改革は、単なる日本国
内の人口移動政策に終始したものであったが、それを超える未来へ
の処方箋が示されているかの疑問である。人口減少現象の中で苛ま
れ続けるふるさとはどうするのか。AIやロボティクスはいいけれど、
生身の人間の活躍の場はどこに見いだされるのか。何より憲法が保
障する基本的人権をはじめとする憲法理念・憲法価値は、いったい
どのように実現されるのか。

　さいごに自治体戦略2040構想への対抗構想を模索するにあたって、
地方自治の憲法保障戦略とでもいうべき構想のヒントを書き留めて
おきたい。

⑴　「スマート自治体への転換」は行政経営改革論に抗う

　自治体行政の民間化議論の類は、これまで古典的な民間委託論か
ら始まり、比較的最近の指定管理者制度や地方独立行政法人制度の
活用、自治体庶務事務の集約化、情報システムのクラウド化、公共
施設等総合管理計画の策定、地方公会計の整備など、いろいろな施
策がとられてきた。本稿では、あまりふれられなかったが、AIや
RPAの本格導入は、これまでの自治体行革部門と情報部門が一緒に
なって、しかも公的部門と民間部門が一緒になって、労働力不足や
経営資源を補うことを建前とする。すでに総務省でも、「地方自治体
における業務プロセス・システムの標準化及びAI・ロボティクスの
活用に関する研究会」などの議論が本格化している。この結果、公
務員の半数削減といった情報もあるところだが、AIの客観的分析と
人間の主観的判断を失わない人間らしい労働現場はなくなることは
あってはならないはずである。「スマート自治体への転換」の目玉で
ある自治体の業務プロセスの標準化・共通化が、自治体業務の民間

化のための地均しであったり、業務を引き受ける民間企業等の負担軽減を目的とするものであったりするものではなく、自治体労働者の負担軽減や、文字どおり住民への行政サービス提供の改善であってほしいものである。

(2) 自治権保障なき地方統治構造論・「圏域行政」論に抗う

　山﨑の「地方政府・地方統治構造」論にかかる問題について繰り返し述べてきたが、かつて山﨑自身が唱えた「基礎自治体」論や総合行政主体論あるいは市町村合併論の総括がなされないままであることに最大の問題がある。また、それらが1999年地方自治法改正で制度化された地方自治の指導理念である補完性の原理や国と地方の役割分担の原則論とどのような平仄関係にあるのかも不明なままである。さらに、さまざまな自治体連携論は、圏域全体にわたる大きな機能連携であれ、小規模自治体間の小さな機能連携であれ、個々の自治体の強い自治権保障がない限り、いつでも道州制や市町村合併といった大規模自治体論に容易に転嫁する恐れがあることにも十分に注意したい。

　この点、特に「都道府県と市町村の二層制の柔軟化」の議論は、「圏域単位で行政を進めることについて真正面から認める法律上の枠組みを設け」る必要があることから、第32次地制調における緊急のテーマとなろう。幸田雅治氏は、「都道府県と市町村の二層制の柔軟化」の特徴について、「中央集権的発想と圏域中心都市への集積であ」り、「国が主導して、市町村の権限の一部を圏域に担わせようとするとともに、中心都市への集中と周辺都市の従属を目指している」ものと指摘する。また、今後「圏域」の中心になるであろう「連携中枢都市」[33]に対する総務省の包括的財政措置などについても

33　私見では、「圏域」の中心都市は、「中枢中核都市」が想定されている。本稿の《注24》を参照。

言及しながら、「広域調整のボトルネックを飛び越える手立て」とし
て、「圏域」の行政事務に対して国が直接に地方交付税などの財源措
置を講ずることになることを警戒し、「市町村又は都道府県という民
主的正統性に基づいた決定を経ずに、国から直接の財源措置が行わ
れる団体が法律上認められることになり、住民自治の観点から問題
がある」と厳しい批判を行っている。[34] もしこのような事態が生ずれ
ば、小規模自治体はひとたまりもないだろう。行政経営効率化を急
ぐあまりに小規模自治体を邪魔者扱いする発想は許されない。地方
自治にとって地方・地域の多様性は命であるからである。自治権保
障のない地方統治構造論も「圏域行政」論もあり得ない。[35]

(3) 憲法が保障する地方自治と「機能的自治」

「新たな地域自治組織」と「機能的自治」・「機能的自治団体」の
制度構想については、特に「区域に基づく地方自治」と「機能的自
治」との関係にかかる慎重な検討が必要であることを指摘した。も
し、民主的に正統化された自治体が提供すべき行政サービスが、そ
の構成員全体の利害の均質性・同質性を根拠に自律的に正統化され
た「機能的自治団体」にとって代わられることがあるならば、憲法
が保障している地方自治の意味はまったく形骸化されてしまうと考
えたからである。たとえ「機能的自治団体」内部の構成員全体の利
益の均質性・同質性が保障されたとしても、当該自治体の住民全体

34　幸田・前掲論文13頁。

35　第32次地制調総会では、第1回総会（2018年7月5日）だけでなく、第2回総会（同
　　12月18日）にも、全国知事会の古田肇氏から、以下のような「今後の検討の進め方に関す
　　る意見」が提出されている。「地方行政体制のあり方を検討するにあたっては、まずは少子高
　　齢化等の経済社会情勢の変化に対応した市町村の行政体制の整備等を目的として進められた
　　市町村合併をはじめ、広域連合等の特別地方公共団体の設置による事務の共同処理について、
　　その成果と課題の検証・分析を行うべきである。さらに、現在進められている連携中枢都市
　　圏等の市町村間の広域連携や都道府県による市町村の事務の補完についても、事例の検証を
　　行うべきである。」

の利益の均質性・同質性は大きく損なわれ、自治体内格差が生じて
しまう危険がある。ここには「民主的正統化」に基づく地方自治と
「自律的正統化」に基づく「機能的自治」との間の矛盾・対立・緊張
関係を見ることができる。ただ、もしこの両者の最適な組み合わせ
が構想できるならば、新しい地方自治戦略構想になりうる可能性が
ないわけではない。そのためにも、まずは、日本国憲法が保障する
地方自治は、あくまでも「区域に基づく地方自治」であることを再
確認することから始めなければならない。

　ただその際、飯島がいうところの「重層化された中間団体による
自治」が住民自治の存在意義を問い直すということの法的意味を正
しく理解しておかなければならない。住民自治が「住民」の「自治」
であるためには、「自己統治」と「自己実現」のいずれをも地方自
治の枠組みに組み直す必要があり、それは、「生活の原理に基づく自
己統治」と「生活空間に関わる自己実現」であるという。[36]人口減少
時代の現代地方自治の危機に正しく対応するため、憲法の「地方自
治の本旨」を活かす方向での「機能的自治」による補完の可能性も、
その限界に留意しつつ慎重に検討すべきであろう。

　⑷　「地方分権改革」からの離脱・シャウプ勧告からの完全離脱？
　西尾勝氏は、つとに「地方分権改革」を推進するふたつの路線が
あることを主張してきた。「事務権限の移譲路線」＝「自治体の所掌
事務拡張路線」と「関与の縮小廃止路線」＝「自治体の自由度拡充路
線」である。西尾の「地方分権改革」の評価は、「第一次分権改革」、
「三位一体の改革」、そして「第二次分権改革」にいたるまで、一貫
して「関与の縮小廃止路線」＝「自治体の自由度拡充路線」が本流で
あったと振り返る。ただ、「第二次分権改革」以降から最近の動向を

36　飯島・前掲論文278頁。

見ると、「事務権限の移譲路線」＝「自治体の所掌事務拡張路線」がむしろ主流になってきているように見えるともいう。その理由は、「戦後改革」の時代から、国と都道府県との間の事務再配分、都道府県と市町村との間の事務再配分といった違いはあれ、地方制度改革の通奏低音として「事務再配分」のテーマがあったという理解があるようである。このような見方からすれば、「関与の縮小廃止路線」＝「自治体の自由度拡充路線」の方がむしろ異例であり、伝統的な「事務権限の移譲路線」＝「自治体の所掌事務拡張路線」の復帰現象が常識的なものであるかもしれないというのである。そして、特に「第一次分権改革」は「シャウプ勧告」に基づく改革の継承と評価するが、それは「シャウプ勧告」の改革の三つの側面（①税財政制度改革、②機関委任事務制度の全面廃止、③国・府県・市町村間の事務配分の見直し）のうちの②を実現したという限定つきである。[37]

　さて、いわゆる「西尾試案」（第 27 次地制調専門小委員会「今後の基礎的自治体のあり方について（試案）」（2002 年 11 月 11 日）が当時の市町村合併論の理論的裏付けになったことの批判をここで改めてするつもりはないが、[38]西尾の規模能力を備えた「基礎自治体」論にしても、いわゆる「事務配分特例法式」論や「内部団体移行方式（包括的団体移行方式）」論にしても、「シャウプ勧告」以来の事務再配分論の大きな枠内にあったことは確かである。このような視点から 2040 構想を見れば、どのような評価になるのかを西尾本人にお尋ねしてみたいところであるが、伝統的な「事務再配分」論からはずいぶんと距離がありそうである。もっぱら団体自治の側面に注力した「第一次分権改革」と 2040 構想とはそもそも次元が違うといって

37　西尾「地方分権改革を目指す二つの路線」前掲・総務省『地方自治法施行 70 周年記念自治論文集』1 頁以下。

38　白藤『新しい時代の地方自治像の探究』2013 年、自治体研究社を参照。

しまえばそれまでではあるが、「機能的自治」・「機能的自治団体」論にいたっては、「区域に基づく地方自治」との原理的な違いもあり、あらためて「地方分権改革」と 2040 構想との関係といった課題がありそうである。少なくとも西尾のいうところの「未完の分権改革」の原理や論理とは、異なる内容と方向性を有しているように思える。

　また、奇しくも 2019 年は、「地方自治の実質的法典」とも言われる「シャウプ勧告」70 年の節目の年である。強くて、独立した、実力を備えた地方公共団体の実現を目指したシャウプ勧告からすれば、2040 報告の基本方向は、そもそもシャウプ三原則（行政責任明確化の原則、能率の原則、基礎的地方公共団体の優先の原則）に基づく事務再配分論を否定する「新たな機能分担論」と言えるかもしれない。もしそうであれば、シャウプ勧告からの完全離脱という秘めたる政策意思があるのかもしれない。[39] ここでも、地方分権・地方自治保障論にかかる歴史的転換期の予感がする。

⑸　「福祉国家の現代化戦略」と「地方自治の現代化戦略」

　大沢の「Society 5.0（超スマート社会）」における「データ覇権主義」・「デジタル専制主義」への懸念については先に述べた。大沢は、同講演において、未来投資会議の名称にも関係するが、世界で最も競争力のある知識基盤社会を目指し、人間に投資し社会的包摂を推進し、人的資本（教育・経験で蓄積される能力の総体）を重視する「社会的投資戦略」である「リスボン戦略」（2000 年）にふれた。また、EU が示した「社会的投資パッケージ」（2013 年）は、社会的投資をもってリスクの結果を「補償」するだけでなく、事前に「備える」

39　篠原俊博「シャウプ勧告 70 年─ICT 利活用による分権の未来」『地方自治』2018 年 9 月号（850 号）2 頁以下は、シャウプ三原則が、ICT 利活用が普遍化し、常に最新の技術を受容できる社会が到来した今日、新たな可能性を追求できる局面を迎えているのではないかというが（15 頁）、2040 構想の意味がわかったうえでの展望だろうか。

ことを意味する「福祉国家の現代化戦略」であると評価した。その
うえで、アベノミクスにおける社会保障の機能強化が希薄であるこ
とにふれ、いみじくも「未来投資戦略 2018」には、「福祉」という言
葉が、「障害福祉」として 2 度登場するだけとの批判がなされた。こ
の大沢の鋭い批判は、2040 構想にも、そのまま当てはまる。大沢が
いうところの「福祉国家の現代化戦略」は、たとえばドイツの国家
論でいうところの「保障国家・補償国家（Gewährleistungsstaat）」
を克服する「新しい福祉国家」論を意味するものと解することがで
きる。いまや日本学術会議も含めて持続可能な社会の構築のための
ゴール（SDGs）を目指す議論が華やかであるが、私たちが目指す国
家がどうあるべきかといった国家像の議論はまったくなされていな
い。どのような国家・社会を持続可能にする・維持可能なものとす
るかの議論がないところに未来はない。このような意味で、「福祉国
家の現代化戦略」に匹敵する「地方自治の現代化戦略」が不可欠で
ある。

(6)　第 32 次地制調に何を期待するか

　さいごに、地方制度調査会設置法は、「日本国憲法の基本理念を十
分に具現するように現行地方制度に全般的な検討を加えることを目
的」（1 条）として、内閣総理大臣の諮問に応じ、「地方制度に関する
重要事項を調査審議するため」、地方制度調査会を内閣府に設置（2
条）していることを確認しておきたい。このたびの諮問は、2040 報
告に対応する観点から、圏域における地方公共団体の協力関係、公・
共・私のベストミックスその他の必要な地方行政体制のあり方につ
いての調査審議を求めるものだが、日本国憲法の基本理念を十分に
具現する答申を提出する義務が第 32 次地制調にはある。

　したがって、日本弁護士連合会が、「自治体戦略 2040 構想研究会

第 2 次報告及び第 32 次地方制度調査会での審議についての意見書」
(2018 年 10 月 24 日) において、「圏域」の法制化や「圏域」主体の「行政のスタンダード化」について、憲法の「地方自治の本旨」および基本的人権の保障の観点からの調査審議を求めていることには十分な理由がある。専門小委員会も含めて、真摯な議論を期待したい。そして、私たちは第 32 次地制調に期待するだけではなく、自治体戦略2040 構想への対抗戦略として、私たちが主体となる維持可能な地方自治の憲法保障戦略構想を構築しなければならない。

II　安倍政権の成長戦略と「自治体戦略2040構想」

岡田　知弘

はじめに

　安倍政権の下で打ち出された「自治体戦略2040構想」（以下、「2040構想」）とその制度化は、単に行政面での地方制度改革に留まらず、同政権の成長戦略及び地方創生政策と一体となったものである。そこで本章では、政治経済学の視点から、2040構想が登場し、推進される背景とねらい、その問題点について考察してみたい。

　前章で見たように2040構想は4つの柱から構成されている。第一に、2040年を目標年に逆算方式で、AI（人工知能）やロボティクスを活用した「スマート自治体」をつくるとしている。それにより、現状の半分の職員でも運営できる自治体をつくるという。そのために自治体行政の「標準化」、「共通化」をはかり、統合しやすくするとも指摘している。

　第二は「公共私による暮らしの維持」である。自治体を、行政サービスを総合的に行う「サービス・プロバイダー」から、公共私の協力関係の構築を行う「プラットフォーム・ビルダー」にすべきだとしている。後者のイメージは、民泊仲介の「エアビー＆ビー」、シェアカーの「ウーバー」などのシェアビジネスと同じ形で公共サービスをやればいいという考え方である。

　第三の柱が「圏域マネジメントと二層制の柔軟化」である。例えば、市町村レベルの圏域、さらに県境を越えて、二層制の壁を打ち破るとしている。そうして「圏域行政体」を〈行政のフルセット主

義から脱却して圏域単位での行政をスタンダード化する〉と述べている。つまり、現在の市町村や都道府県ではなく、新たな圏域行政体を標準化すると言うわけである。

さらに第四の柱として「東京圏のプラットフォーム」を立てている。そこでの焦点は、防災と介護、医療である。この介護・医療サービスが広域化して、東京都だけでなく首都圏の近隣県とのつながりを強化し、大災害時の「帰宅難民」問題に対応する広域的な行政体が必要だとしている。

以上のような2040構想を、同研究会報告書は、「パラダイム転換」と自己表現し、コンピュータの「OSの書き換え」だという表現も出てくる。実はそのような比喩のレベルの話ではなく、これまでの憲法、地方自治法で定められた地方自治体を根本から否定して、たんに特定産業の「経済成長」のために動員される地方団体にしてしまおうという、極めて重大な問題をはらんでいることに十分注意する必要がある。「地方統治構造」論の批判的検討は前章でなされているので、本章では政治経済学視点から、歴史具体的に分析していくことにしよう。

1 安倍政権の成長戦略と「地方創生」

(1) アベノミクスと成長戦略

2012年末の総選挙で、「景気」を前面に押し出し、民主党の「自壊」と小選挙区制のトリックのなかで「圧勝」した安倍晋三総裁率いる自民党は、2009年以来の政権の座についた。第二次安倍内閣の打ち出した「アベノミクス」は、政権発足間際から円安・株高局面に転じたことにより、大手マスコミによって大いに賞賛されること

---

1 岡田「安倍流『自治体戦略2040構想』の狙い 地方自治の再生への対抗軸」『経済』第281号、2019年2月も、参照されたい。

になった。安倍首相は、政治の「最優先課題」を〈「デフレ脱却」と日本経済の再生〉におくと表明し、以下の金融・財政・産業政策を「三本の矢」になぞらえた積極的な経済政策を展開する。[2]

　第一に、大幅金融緩和と日本銀行による「インフレ・ターゲット」の設定により、「円高・デフレから脱却」し、「強い経済」を「取り戻す」政策である。

　第二に、大型経済対策を、国債の発行と日銀によるその引き受けによって実施する財政出動である。2012年度補正予算と13年度本予算を合わせて100兆円にのぼる財政支出を行うことにより景気の底割れを回避するとした。

　第三に、成長戦略の実現により、民間投資を喚起することである。TPP（環太平洋経済連携協定）は、この政策の一環として位置づけられた。

　これら「三本の矢」による経済成長政策が「アベノミクス」と呼ばれるものの全体像である。当初、「第一の矢」による金融の「量的・質的緩和」、「第二の矢」による公共事業散布による財政出動で、株価は上昇し、為替レートの円安定着で輸出企業の業績は急回復するとともに、輸入物価の上昇が名目物価を押し上げて「デフレ」からの脱出ができるかのように喧伝された。さらに、安倍内閣は、民主党との事前合意によって2014年4月から消費税の第一段階引上げ（5%から8%へ）を実施し、その影響は軽微であると繰り返し表明していた。

(2)　成長戦略と政官財抱合体制の構築
　2014年6月、翌15年度予算編成を前にして、産業競争力会議、規

2　アベノミクスについては、渡辺治・岡田知弘・後藤道夫・二宮厚美『〈大国〉への執念　安倍政権と日本の危機』大月書店、2014年10月、第2章（岡田執筆）を参照。

制改革会議、経済財政諮問会議の三つの会議体の答申類が出そろい、「第三の矢」にあたる成長戦略の骨格が明らかになる。安倍内閣での経済成長戦略の基本は、あくまでも人件費を抑制してグローバル競争を鼓舞し、従来の新自由主義的改革の基本線である規制改革によって市場創出を行うことと、商品やサービスの輸出促進によって、企業の「収益力」を強化しようという考え方である。

これは、産業競争力会議が、「日本再興戦略」を改訂し、「稼ぐ力」を高めることを目標としたことに現れている。ここでいう「稼ぐ力」は、「収益力」とも言い換えられている。そのために、①雇用（女性、外国人労働力の活用）、②福祉（公的年金資産での株式運用増（GPIF））、③医療（医療法人の持ち株会社制度）、④農業（農林水産物輸出推進）、⑤エネルギー（原発早期再稼働、発送電分離、再生可能エネ買い取り価格制度改定）が重点分野とされたのである。

さらに、このような競争力を強化するために、規制改革会議では、雇用、農業、医療をとくに取り上げて、これらの「岩盤規制」に「ドリル」で「風穴をあける」必要があるとしたのである。具体的には、①雇用（労働時間規制の緩和）、②農業（農協・農業委員会制度改革、農地取引の企業への開放）、③医療（混合診療）が盛り込まれ、それを先行的に具体化するために、国家戦略特区制度が導入された。

ここで、留意すべきは、第二次安倍内閣下の重要な経済財政政策の決定が、これまで述べてきたような各種政策会議体によってなされており、決して与党内での議論の積み重ねや、各省庁からの提案によるものではない点である。このような経済財政諮問会議を中心とした政策決定の仕組みは、2001年の小泉純一郎内閣から開始された。中央省庁改革の一環として、首相官邸権限の強化が図られ、同会議には財界の代表者が正式な構成員として入ったのである。

同会議を休止状態にした民主党から政権を奪還した第二次安倍内

閣は、官邸主導政治を即座に復活させ、経済財政諮問会議を再開、さらに第一次安倍内閣のときに設置したものの開店休業していた規制改革会議も復活、そして産業競争力会議を新設する。それらの主要政策決定機関には、小泉構造改革の参謀役として活躍した竹中平蔵はじめ新自由主義改革を志向する学者、日本経団連役職者に加え、経済同友会のオピニオンリーダーである新浪剛史ローソン社長、IT企業等が結集する新経済連盟の三木谷浩史楽天会長が入り、広い産業分野を包括し、政官財抱合体制を拡大強化する。さらに、経団連は、政策評価による政治献金の再開も開始しており、政府の政策決定において重要な役割を果たしている。

第二に、官僚機構の幹部人事を官邸が掌握するために内閣人事局を置いたことも注目される。これにより、官邸側は自らの政策遂行に協力してくれる幹部職員をピックアップして活用することができるようになり、各省庁とも新自由主義的思考の官僚たちが重用されていくことになった。

第三に、1999 年の官民人事交流法及び他の任用制度に基づき、官僚機構と財界との人事交流が増大したことである。民主党政権下の2011 年時点では震災復興事業があったものの民間企業から中央省庁への常勤職員の出向は 790 人であった。これが、2017 年には 1416 人へと増えているのである。ちなみに、省庁別にみると内閣官房に59 人、内閣府に 18 人、外務省に 118 人、財務省に 33 人、経済産業省に 441 人、国土交通省に 215 人が配置されている[3]。また、派遣企業には、保険業や証券業を営む外資系企業やコンサルタント、広告会社、マスコミも入っており、各種の政策立案と広報・宣伝において大きな役割を果たしていることがわかる。従来の「天下り」に加え、「天上り」という太いパイプが作られているのである。

3 　内閣人事局「民間から国への職員の受入状況」2018 年 2 月 28 日。

(3) 増田レポートと「地方創生」政策の登場

　ところが、このような政官財抱合体制によって実行された 2014
年の消費税増税の影響は、とくに地方での景気後退を顕在化させて、
地方の政財界の批判を浴び「アベノミクス」は修正を迫られること
になる。そこに登場したのが、増田寛也を座長とする日本創成会議
による「増田レポート」の「自治体消滅」論であった。若い女性人
口が 2040 年までに半減する自治体をすべてリストアップして、そ
の「消滅可能性都市」は全自治体の半数に及ぶとの衝撃的なデータ
を、2014 年 5 月 8 日に発表する。後に明らかになることだが、この
「増田レポート」の公表のタイミングは、菅官房長官と増田座長が
予め調整した結果であった。翌週、道州制の議論も射程に置くとし
て第 31 次地方制度調査会が設置されたほか、前述した「骨太の方
針 2014」の情勢認識にも、「増田レポート」の「人口減少論」が前
提として置かれることとなる。[4]

　さらに、2014 年 9 月に内閣改造が行われ、地方創生大臣ポストを
置き、初代大臣に前回自民党総裁選挙において安倍首相のライバル
であった石破茂をあてて、地方からの不満を吸収する。さらに、「増
田レポート」の政策提案を具体化し、地方創生総合戦略を国及び地
方自治体で策定し、その推進事務局を政府内部においた。さらに東
京圏を「グローバル経済圏」として国際都市機能を一層強化したう
え、高齢者を中心にした人口を地方の「地域拠点都市」に移動すべ
きという「増田レポート」をもとに、人口 30 万人を目安にした連携
中枢都市圏の形成とその中心都市の「コンパクトシティ」化を進め
る新たな国土形成計画を策定する。

4　増田レポート及び地方創生政策については、岡田『「自治体消滅」論を超えて』自治体研
　究社、2014 年 12 月、及び岡田・榊原秀訓他編著『地域と自治体 37 集　地方消滅論・地方創
　生政策を問う』自治体研究社、2015 年 10 月で詳細に批判している。

Ⅱ　安倍政権の成長戦略と「自治体戦略2040構想」　*59*

　同年10月には、国の「地方創生総合戦略」が策定される。その柱は、移住（移住希望者支援、企業移転促進、地方大学の活性化）、雇用（農業、観光、福祉）、子育て、行政の集約と拠点化（拠点都市の公共施設・サービスの集約、小さな拠点整備）、地域間の連携（拠点都市と近隣市町村の連携推進）の5つであった。〈行政の集約と拠点化〉と〈地域間連携〉が、現在までの「連携中枢都市圏」の推進策につながっている。同都市圏は18年4月現在、28圏域が指定され、全253市町村（全1217自治体の20.7％）が包摂されているが、後に見るように2018年末の時点でコンパクトシティ化や東京圏からの人口流入という目的にはほど遠い状況であり、政府は「中枢中核都市」を82市選定し、新たな強化策を打ち出している。[5]

　では、この「地方創生」政策をどうみたらいいのか。少なくとも政権党である自民党やそれを積極的に支持する経団連の視点から見てみよう。どの地方でも地域再生が深刻な課題となり、それに取り組む良心的な首長、行政、企業の方がたくさん存在する。けれども政権党が推し進めている「地方創生」の本質はそこにはない。例えば、2014年11月の自民党「政権公約2014」の中に、次のような一節がある。

　「道州制の導入に向けて、国民的合意を得ながら進めてまいります。導入までの間は、地方創生の視点に立ち、国、都道府県、市町村の役割分担を整理し、住民に一番身近な基礎自治体（市町村）の機能強化を図ります」。

　この文面は、それ以前の、年限を明記して道州制推進基本法を制定するという書き方と比べるとトーンダウンしているが、その次の

5　2018年12月6日にまとまった地域魅力創造有識者会（増田寛也座長）の答申を受け、12月18日に82の「中枢中核都市」を選定し、行財政支援を強めるとした（『京都新聞』2018年12月19日）。

「（道州制）導入までの間は、地方創生の視点で」やると明記している点に注目すべきである。そこでのポイントは、「国と都道府県、市町村との役割分担」の整理ということと、「基礎自治体の機能強化」である。後者は、「平成の大合併」でも多用された用語であり、ひとまず「機能強化」のための自治体合併あるいは広域的な行政団体の形成を目指すということを意味しているといえる。

前者については、実は、第一次安倍政権の際に、自民党道州制推進本部及び日本経団連の道州制推進委員会の提案にあった、道州制導入による役割分担の見直しと繋がる。そこでは、国は外交、軍事、通商政策に特化し、道州政府は、産業基盤整備、経済政策、高等教育政策を担う。そして基礎自治体（地方政府）は、医療、福祉、義務教育という、住民に身近な行政サービスに特化する、としていた。現在、沖縄県は米軍基地建設に反対して政府と交渉しているが、もし上記のような道州制になれば、基地に関わる外交、軍事事案は国の専権事項なので、県・市町村はもちろん道州政府も関与できなくるということになる。つまり、明治憲法下と同じ「戦争ができる」国の統治構造が完成することになる。

一方、日本経団連は、都道府県や国の地方出先機関の廃止・再編により年間10兆円近い財源が浮き、それによるインフラ投資や内外多国籍企業の誘致が進むことを期待していた。併せて、公務員を削減する一方で、「新しい公共」の主体として民間企業の参入も期待し、道州制は「究極の構造改革」であると位置づけていたのである。[6]

また、地方創生担当大臣を新設した2014年9月の内閣改造に際して、日本経団連は「新内閣に望む」と題するコメントを発表し、そ

6　当時の自民党及び財界の道州制構想については、岡田『増補版　道州制で日本の未来はひらけるか—民主党政権下の地域再生・地方自治』自治体研究社、2010年2月及び、御手洗冨士夫「今こそ、平成版『所得倍増計画』を」『文藝春秋』2008年7月号を参照。

の一項目として「地域の基幹産業である農業や観光の振興、防災・減災対策、国土強靭化、PFI や PPP による民間参加などにより地域経済を活性化する」と特記した。明らかに「地方創生」政策を活用して、地域産業の各分野への参入に期待を表明したものであった。

その点で興味深いのは、前述の自民党「政権公約」に盛り込まれた地方創生と規制改革・国家戦略特区との関係についての叙述である。そこでは、「地方創生を規制改革により実現し、新たな発展モデルを構築しようとする『やる気のある、志の高い地方自治体』を、国家戦略特別区における『地方創生特区』として、早期に指定することにより、地域の新規産業・雇用を創出します」としていた。つまり、現に地域の経済社会を支えている中小企業や農家ではなく、規制改革を積極的に活用し、政府から見て「やる気」「志」のあると評価する自治体を「指定」し、手厚く支援するという意味である。

実際、2014 年の総選挙の直後に、国家戦略特区に追加指定されたのが、広島・今治特区であり、今治での加計学園獣医学部の認可であった。地方創生は、こういう形で行政の「私物化」と結合していたのである。また、石破・地方創生大臣は、地方創生担当に留まらず、国家戦略特区担当、道州制担当、さらに地方分権改革担当でもあった。ここに「地方創生」の本質があるといえる。

2 「公共サービスの産業化」政策と「Society 5.0」

(1) 「公共サービスの産業化」政策の登場

安倍政権下での地方制度改革のもう一つの柱は「公共サービスの産業化」政策である。これは 2015 年 3 月の経済財政諮問会議での

7　国家戦略特区については、岡田「『国家戦略特区』とは何なのか」『季論 21』第 39 号、2018 年を参照。

8　詳しくは、岡田「『公的サービスの産業化』で誰が幸福になるのか」『自治と分権』第 65 号、2016 年を参照。

民間4議員の提案が端緒であった。この提案では、経済成長を図るための最後の機会として「公共サービス」を位置づけ、「国・地方の公共サービス分野での民間との連携（インクルージョン）を進める」としていた。「インクルージョン」とは、もともとマイノリティの社会的「包摂」として翻訳される概念であり、「連携」という訳はない。この言葉をあえて使うのは、まさに民間が公共を「包摂」したいという表明とも言え、「公共サービス」を丸ごと民間市場に開放し、利潤追求の私的機会の創出を狙っているからであるとも推測されよう。

　さらに、同提言では、ターゲットは「歳出規模も大きく、かつ国民生活に深くかかわる社会保障サービス・地方行政サービス分野」だと明言している点が重要である。地方自治体の「公共サービス」そのものが「開放」対象とされたのである。

　提言の内容は、「骨太方針2015」に、ほぼ採り入れられることになる。そこでは「未来の成長の源泉」としてイノベーション、とりわけIT技術を位置づけている点に留意する必要がある。具体的には、「個人番号カード、電子私書箱等を活用したワンストップサービスや、政府調達の全工程の電子化」を指していた。

　さらに、重要なことは、経済財政諮問会議の下に、これらの施策の「進行管理機関」である「経済・財政一体改革推進委員会」、つまりチェック機関を置いたことである。会長が、新浪剛史（ローソン会長から、後にサントリー社長）である。新浪会長は、産業競争力会議の議員として、農業の自由化を主張し、新潟市の国家戦略特区で、「ローソンファーム」を認めさせた人物で、これも「歪められた行政」の一つだと言える。その代表がチェック機関の長となり、ワーキンググループに企業代表と官庁の職員が入り、公共サービス産業化を項目ごとに進行管理しているのである。

この委員会では、公共施設の長期的な老朽化対策、縮減を進める「公共施設等総合管理計画」(2014年からスタート)について、それまでの「総量管理」では甘すぎるとして、施設の民営化、削減を「個別施設計画」を自治体ごとに策定させることを求めた。これは総務省通知「地方行政サービス改革に関する留意事項」(15年8月)の中で、財政誘導とつなげて、より詳細に盛り込まれ、地方交付税の算定に実装されるとともに、その取り組み状況を「見える化」し、進捗状況のフォローアップが指示されることになった。

(2) 未来投資会議の設置と「Society 5.0」

2016年夏の参議院選挙後、内閣再改造を行った安倍内閣は、新たな成長戦略を追求する司令塔として、日本経済再生本部の下に未来投資会議を設置する。その設置目的は、「将来の成長に資する分野における大胆な投資を官民連携して進め、『未来への投資』の拡大に向けた成長戦略と構造改革の加速化を図る」こととされ、未来投資会議は従来の産業競争力会議と「未来投資に向けた官民対話」を発展的に統合した会議体である。安倍首相が議長であり、主要閣僚と中西宏明日本経団連会長、竹中平蔵パソナ会長らの「民間代表」によって構成されている。[9]

同会議の最初の報告書が2017年6月の「骨太方針2017」決定に合わせて策定された「未来投資2017」である。そこで登場した言葉が、「Society 5.0」である。これは、学術用語ではない。未来投資会議のホームページには、「Society 5.0とは、『狩猟社会』『農耕社会』『工業社会』『情報社会』に続く、人類史上5番目の新しい社会のこ

---

9 以下は、首相官邸ホームページ http://www.kantei.go.jp/jp/singi/keizaisaisei/miraitoshikaigi/ による (2019年1月2日アクセス)。また、川上哲『経済財政運営と改革の基本方針2018』と構造改革の今後の方向性」『賃金と社会保障』1716号、2018年10月下旬号も参照。

と」とされ、「IoT、ロボット、人工知能（AI）、ビッグデータといった先端技術をあらゆる産業や社会生活に取り入れ、経済発展と社会的課題の解決を両立していく新たな社会であるSociety 5.0の実現を目指します」と、その狙いが示されている。

　政府の広報に具体例として示されているのは、ドローンによる宅配、AI家電、遠隔診療、介護用ロボット、無人トラクター、清掃ロボット、会計クラウド、自動走行バスなどである。

　これらの実用化（「社会的実装」と言われる）を図るためには、個別分野ごとの規制改革や成長支援策が必要となる。そこで17年9月に設置されたのが、未来投資会議構造改革徹底推進会合である。[10]座長は、経済再生担当大臣が務め、政府指名の民間議員が構成メンバーである。同会議には、**図表Ⅱ-1**で示したように第4次産業革命、企業関連制度・産業構造改革・イノベーション、健康・医療・介護、地域経済・インフラという4つの会合が設置され、会長には財界代表が配置されている。さらに、PPP・PFI、大学改革、雇用・人材育成、農林水産業、中小企業・観光、インフラの分科会を設け、公共サービスや規制に関わる構造改革の重点的な推進策が検討されている。

　併せて注目すべきは、民間企業だけでなく行政が保有するビッグデータの利活用をめぐる問題が「第4次産業革命」会合で重点的に議論されている点である。とりわけ個人の行動を大量に入手できるセンシングデータの利活用については、データ提供者側の市場拡大、利用者側での事業成長の手段として、その共通基盤づくりが情報関連産業から強く求められてきているのである。

　それを推進するために、2017年11月には一般財団法人・データ

10　首相官邸ホームページ https://www.kantei.go.jp/jp/singi/keizaisaisei/miraitoshikaigi/ suishinkaigo2018/ による（2019年1月2日アクセス）。

Ⅱ　安倍政権の成長戦略と「自治体戦略 2040 構想」　*65*

図表Ⅱ－1　未来投資会議構造改革徹底推進会合の議論内容

(2017 年 10 月～18 年 12 月)

会合名　（分科会名）	会長・副会長、主要議題（上から時系列順に表示）
「第 4 次産業革命」会合	【会長：竹中平蔵　副会長：冨山和彦（株式会社経営共創基盤）】
	規制の「サンドボックス」制度について データ利用活用ビジネスの本格展開について 行政からの生産性革命について（デジタル・ガバメント） 移動サービスの高度化について（自動走行） デジタル・プラットフォーマーに関する基本原則（案）について
（PPP/PFI）	PPP/PFI の活用促進について
「企業関連制度・産業構造改革・イノベーション」会合	【会長：小林喜光（経済同友会）、副会長：金丸恭文（フューチャー株式会社）】
	コーポレートガバナンス改革及び生産性革命について
（イノベーション）	政策討議「大学改革・産業連携・研究力向上」
（規制）	法人設立手続きのオンライン・ワンストップ化について 貿易手続等の全体最適化について 裁判手続等の IT 化について
（雇用・人材）	Society 5.0 の社会実装のための人材育成・活用力の強化 Society 5.0 の社会実装のための雇用・教育環境の整備
「健康・医療・介護」会合	【会長：翁百合（株式会社日本総合研究所）、副会長：髙橋泰（国際医療福祉大学教授）】
	地域包括ケアシステムの構築に向けた諸課題について 技術革命を活用した多職種の関与・連携促進、保険外サービスの活用、医療・介護に関するデータ連携の促進に向けた諸課題について 健康寿命延伸のための第 4 次産業革命技術の創出・社会実装
「地域経済・インフラ」会合	【会長：三村明夫（日本商工会議所）、副会長：金丸恭文（前出）、御立尚資（ボストンコンサルティング）】
（農林水産業）	森林・林業に関する提言について 卸売市場を含めた流通構造の改革を推進するための提言について 農林水産分野での Society 5.0 の実現について 食品流通の構造改革について スマート農業・水産業の実現に向けた取組方針について スマート林業の社会実装について スマート農業の社会実装に向けた取組について 農地の担い手への集積・集約化に向けた取組状況について
（中小企業・観光・スポーツ・文化等）	中小企業・小規模事業者の生産性向上について 観光立国ショーケースの形成の推進 スタジアム・アリーナ改革 アート市場の活性化
（インフラ）	ICT 活用等による地域の社会的課題の解決

出所：首相官邸ホームページ https://www.kantei.go.jp/jp/singi/keizaisaisei/miraitoshikaigi/suishinkaigo2018/（2019 年 1 月 2 日アクセス）より作成。

流通推進協議会が設立される。そのホームページには、「本協議会は、内閣官房情報通信技術（IT）総合戦略室、総務省、経済産業省におけるワーキンググループの検討を踏まえ、2017年6月より設立に向けた検討を進めてきたものです」とあり、2018年12月21日時点で128社・大学・団体・個人が参加している。内部理事は、株式会社インテージ、大日本印刷、富士通、日立製作所、株式会社ウフル、オムロン、さくらインターネット、日本電気から構成されている。[11]

　だが、このようなビッグデータは個人情報と密接に結合している場合が多く、とりわけ国や地方公共団体がもつ個人情報、例えばマイナンバーカードと、金融機関のカード、民営図書館のカードとを結合することが安易になされれば基本的人権の侵害が起こる可能性がある。すでにマイナンバー情報については、国税庁をはじめとして情報流出事件が相次いでいるうえ、悪意のある二次利用を防止する安全性は確立していない。AIやビッグデータ活用を、基本的人権の視点から法的に規制する仕組みなしに、「経済成長」だけを追求するとすれば、取り返しのつかない事態になるおそれもあるといえよう。

(3)　「自治体戦略2040構想」への取り込み

　以上のような問題をはらみながらも、総務省は、未来投資会議の提唱する「IoT、ロボット、人工知能（AI）、ビッグデータ」を内閣官房や経済産業省と連携しながら、地方自治体改革に適用することを加速する。その集約が「自治体戦略2040構想研究会」の第二次報告（18年7月3日公表）であった。同研究会は、17年10月に審議を開始する。併せて、「町村議会のあり方研究会」も2018年3月の報告

11　一般財団法人・データ流通推進協議会ホームページ https://data-trading.org/about）による（2019年1月2日アクセス）。

書をまとめる作業をしていたが、いずれの研究会とも、構成員に地方自治体関係者が誰一人入っていないという特徴がある。ここでも、研究会は企業人、コンサルティング業者、大学教員等によって構成されていた。2040構想でいえば、三菱、日立、東芝などのコンサル部門の出向者が、官僚たちと一緒にパワーポイント資料を多用して営業企画書を書くように報告書をまとめた体裁となっている。

すでに多くの識者が指摘しているように、「自治体戦略2040構想」や「町村議会のあり方の検討会」の中心的な役割を果たしていたのが、総務省・自治行政局長を務めていた山﨑重孝・内閣府事務次官兼皇位継承式典事務局長である。山﨑は、「平成の大合併」時の合併推進課長であり、福田内閣で増田寛也・総務相の時に、「定住自立圏」構想をつくった人物である。

その山﨑が、総務省のホームページにある『地方自治法施行70周年論文集』に「地方統治構造の変遷とこれから」という論文で書いている[12]ことが興味深い。そこでは、明治時代から地方団体のあり方がどう変わったかを、あくまでも国の立ち位置で見た「地方統治構造」という観点から論じられている。そのうえで「増田レポート」の「人口減少」論を無批判に受け入れて、逆算的な発想で制度改革を求めているのである。つまり、人口減少を大前提に、地方統治構造を「合理的」に置き換える。AIと「シェアエコノミー」が自治体現場を担うような、アウトソーシング・ネットワークの結合による地方統治をめざすべきだとしているのである。この山﨑論文と同じ発想で2040構想が作られ、第32次地方制度調査会への諮問文に直結していると見ることができる。

12　総務省ホームページ、http://www.soumu.go.jp/menu_seisaku/chiho/02gyosei01_04000320.html を参照（2019年1月2日アクセス）。

3 「自治体戦略2040構想」の具体化

(1) 公共施設と不動産活用ビジネス

　以上で述べてきた「公共サービスの産業化」政策を軸にした2040構想の一部は、第32次地方制度調査会の答申を待つことなく、地方創生政策の一環として推進、あるいは試行されてきている点に、十分留意する必要がある。調査会の議論の目的は、あくまでも地方自治法改正につながる制度改革であり、公共サービスの内実は日々の「地方行政」によって改革を進行管理できるからである。

　なかでも、すでに全国の自治体で策定されている「公共施設等総合管理計画」は、2040構想の第2の柱とも関連し、かつすでに前倒し的に推進されている。実は、公共施設に関わる管理問題を、不動産ビジネスの視点から提案する動きは、民間活力導入を提案した「JAPIC」（日本プロジェクト産業協議会）で有名な中曽根内閣時代（1982～87年）にまでさかのぼる。あまり知られていないが、同時期に「JFMA」（日本ファシリティマネジメント協会）が設立されている。同協会は、不動産、デベロッパー、ゼネコン、コンサルタント等の大企業でつくられており、2008年に提言（「公共施設資産を次世代に継承するファシリティマネジメント」）を出していた。[13] その内容は、現在進められている「公共施設等総合管理計画」とほとんど同じものである。とくに公共施設の用途転換、統廃合、総量の調整で、民間との共同利用、不動産活用の手法が必要だとしている点が注目される。

　さらに、この提言の最後には、「実施後のあるべき姿」として、「道州制の導入に効果的に貢献」できると書いていたのである。つまり、

13　JFMA ホームページ、http://www.jfma.or.jp/propose/ による（2019年1月2日アクセス）。

道州制導入には、都道府県や市区町村の統合が必要であり、「公共施設のマネジメント業務の体系化や標準化」「施設情報の標準化や共有化」が必然的に求められる。公共施設管理の標準化、共有化を進めておけば、将来コストが省ける、浮き財源もつくれるという見通しを立てていたのである。併せて、「標準化」や「共有化」は、不動産資本や情報関連資本にとって、またとないビジネスチャンスを生み出す。この発想が2040構想に継承されているといえよう。

(2) 進む公共サービスの民間開放、水道民営化と通商協定

　また、2018年には、卸売市場法、水道法の「改正」が十分な議論もなされず強行採決され、公的に建設された市場や水道施設の運営権の内外資本への売買が自由化された。このような運営権売買（コンセッション）は、すでに関西空港などの空港にも導入され外資が参入している。

　水道民営化については、パリなどヨーロッパの主要都市を中心に「再公営化」の流れが主流となっている。人間の生存権のひとつである水の供給が民間企業に独占されることによる弊害が問題化したからである[14]。にもかかわらず、安倍政権は外国企業にも水道運営権の市場開放の道を開く法改正を強行したのである。しかも、2018年11月29日の参院厚生労働委員会での福島みずほ議員の質問によって、水道法改正案の策定担当事務局である内閣府「民間資金等活用事業推進室」に「水メジャー」といわれるフランスのヴェオリア社関係者が政策調査員として関わっていたことが明らかとなった[15]。ここにも、行政の歪みが存在している。

14　水道の民営化問題については、尾林芳匡・渡辺卓也編著『水道の民営化・広域化を考える』自治体研究社、2018年を参照。
15　共同通信、2018年11月29日配信記事より。

自治体における水道民営化のトップランナーの一つが浜松市である。同市は平成の大合併で、全国第2位の面積を持つ自治体となった。現在、合併時の二層制の地域自治組織を廃止し、すさまじい「選択と集中」及び民営化政策を推進している。すでに、下水道事業の民営化を行っているが、次に掲げたのが、上水道の運営権の売却（民営化）である。だが、これについては、市民からは強い反対の声があがり、市の思うようにはなっていない状況にある。

　卸売市場や水道といった住民の生存権に関わる公共サービスの公的保障の解体と併せて、2018年には種子法の廃止、森林経営管理法の制定、漁業法の「改正」が次々と強行された。その目的は、前述した未来投資会議での重点項目であり、地方自治体による種子の開発と保護を廃止し、森林の経営権や漁業権の内外資本への開放を図ることにある。同時にそれは、TPPや日欧EPAでの国内市場の開放策の一環である。公共施設等の民営化や運営権の売買、入札のデジタル化も、TPPや日欧EPAに書き込まれた政府調達や国有企業条項との整合性を図るものであることに留意しなければならない。[16]

(3)　AI活用とその問題点

　さらに、公共サービス分野におけるAIの活用推進策も具体化しつつある。2018年6月、総務省は「業務改革モデルプロジェクトに係る事業委託団体」として掛川市（静岡県）、深谷市（埼玉県）、足立区、塩尻市（長野県）、泉大津市（大阪府）、橋本市（和歌山県）、熊本市の7自治体を指定し、8000万円の予算を投下した。同事業は、「民間企業の協力のもとBPRの手法を活用しながら、ICT化・オープ

16　岡田他編『地域と自治体38集　TPP・FTAと公共政策の変質　問われる国民主権、地方自治、公共サービス』自治体研究社、2017年9月、及び堤未果『日本が売られる』幻冬舎新書、2018年、参照。

ン化・アウトソーシングなど」を推進する自治体を支援するという
ものである。ちなみに BPR とは業務改革、ICT とは通信技術を指
す。いずれの自治体も、窓口業務や保育所の入所選考手続きにおけ
る AI の活用を事業内容として盛り込んだ[17]。

　たとえば掛川市は、三菱総研が事業提案し、行政広報、子育て分
野で、チャットによる案内業務等を試行した。三菱総研は、この試
行実験等をもとに、2019 年 4 月から子育て支援やゴミ出しルール、
税金の関連など、住民が知りたい情報や質問への回答を、AI とのチ
ャット方式で提供するサービスを本格提供するという[18]。

　一方、掛川市では、2017 年の地方自治法改正を受けて、全国で初
めて地方独立行政法人の活用による窓口業務改革の実施を検討して
いる。上記の三菱総研提案の AI 業務の導入と一体のものと想定さ
れており、地方独立行政法人を隠れ蓑とした窓口業務の民営化が進
行する可能性が高い。

　AI 等の活用は、窓口業務に留まらない。例えば、福岡市では高齢
者向け乗車券を廃止して、それに代わる手法を印刷大手の TOPPAN
が提案している[19]。ヘルスケアの推進と結合し、健康診断に参加率が
よく、健康づくりに取り組んでいる住民にはカード・ポイントがつ
き、それでバス料金が割引されるというものである。それが AI 活
用による社会的課題の解決だという。

　安倍政権は、AI やロボティクスを活用した業務改革や「官データ
のオープン化」、「マイナンバーの利便性の向上」などによる「行政
サービスの 100% デジタル化」を、中央官庁だけでなく、地方自治
体にも事実上義務づける「デジタルファースト法案」の上程も 2019

17　総務省ホームページ　http://www.soumu.go.jp/menu_news/s-news/01gyosei04_02000
　　066.html、による（2019 年 1 月 2 日アクセス）。
18　『日刊工業新聞』2018 年 9 月 12 日による。
19　TOPPAN『健康・社会参加インセンティブ制度検討最終報告書』2018 年 3 月。

年通常国会で準備しており、この側面からの地方自治体への中央集権的統制を強化しようとしている。[20]

　すぐに理解できないデジタル用語を多用しているが、要は、国や自治体の財政を動員して、新たな情報関連市場をつくろうというものある。だが、AI のチャットを使えない住民の存在や、福岡市のプランでいえば健康診断に参加できない、あるいは交通機関へのアクセスができない住民の声は、どうなるのだろうか。AI は言葉にならないデータを正確に把握することができないし、特定の判断をした論理を明快に説明することはできないという限界がある。また、間違った情報をもとにして、誤った判断をした場合、専門知識をもった公務員のチェックが必要となる。さらに、なんらかの判断に対する倫理的、社会的責任をだれが負うのか、あるいは個人情報の漏洩をどう管理するのかという基本的人権に関わる根本問題も存在している。AI やロボティクスは、未だ開発途上の技術であり、現段階の技術をもとに「行政サービスの 100% デジタル化」に盲目的に突き進むことは、あまりにも拙速であるといえる。

　EU では AI の倫理指針を策定中であるが、安倍政権ではむしろ AI で「稼ぐ」ことを優先している状況である。公共サービスにおいて、AI・デジタル化が補助手段として適用できるところもあれば、人間が中心に担うべき基幹的な仕事も当然存在している。個人情報の保護を含む住民の利益を最優先し、自治体職員のなかでの議論を踏まえて、国のトップダウンではなく自治体の団体自治を尊重した情報化が求められている。

　また、2040 構想で提起されている「シェアリングエコノミー」の活用についても問題がある。このビジネスの事業者は、売り手と買

20　この点については、角田英昭「自治体戦略 2040 構想にどう取り組む」、自治体問題研究所、2019 年が参考になる。

い手の仲介の場を提供しているだけで、働き手は個人事業主である。副業解禁制度を活用し安い対価で働かせることが基本となっており、労働法も適用されない働き手である。2040構想は、そのような「シェアリングエコノミーの環境整備」を図るとしており、そうなると公共サービスの担い手が、正規職員はもちろん、非常勤の公務員も含めて、請負契約による新しい形態の官製ワーキングプアに置き換えられる可能性が大きい。このような「シェアリングエコノミー」発祥の地、アメリカではむしろ「ギグエコノミー」といわれ、安定的な雇用にはなく、むしろ低賃金等による労働問題が起きていることが報じられている[21]。不安定で一時的な契約形態によって、質の高い公共サービスが供給され、個人情報が保護されるかといえば、その保障はないといえよう。

　さらに、現在のように大規模な災害が多発する時代において、果たしてAIで対応できるのか、様々な障害者に対応する福祉の現場でAIが解決手法になるのかという問題がある[22]。2018年の台風21号災害や北海道胆振東部地震は、長時間の停電による二次被害の深刻さという教訓を残した。また、西日本豪雨では、市町村合併で周辺部になった地域での自治体職員不足による災害対応の遅れが改めて問題となった[23]。そもそも災害現場においてAIが生身の人の命を救えるのかといえば、答えは自ずと明らかであろう。

　2005年時点で、日本の人口当たり公務員数は先進国中最低となっており、アメリカをも下回っていた[24]。日本では市町村合併と三位一体の改革を経てそれからさらに減少しているのに加え、その数を半

21　『経済』2018年9月号の特集「『シェア・エコノミー』とは何か」の諸論文が参考になる。
22　現段階でのAI活用についての問題点については、とりあえず『経済』2018年12月号の特集「AIと人間社会」を参照。
23　この点については、総務省OBの幸田雅治神奈川大学教授による「災害対応と基礎的自治体・合併自治体」『ガバナンス』2018年9月号も参照。
24　前掲『増補版　道州制で日本の未来はひらけるか』、88頁、参照。

減させようとしている「スマート自治体」論そのものが、非現実的であるといえる。むしろ公務員の役割を積極的に見直して、憲法で規定された住民の幸福追求と最低限の健康で文化的な生活を保障する「全体の奉仕者」としての公務員の増員をおこない、質の高い行政サービスを充実していくことこそ必要になっているといえる。

おわりに

　すでに述べてきたように、2040構想の根本的な問題は、住民自治を基本にした団体自治、地方自治全体を、「地方統治構造」論の視点から否定しているところにある。ただし、それは古い明治憲法的な中央集権国家体制ではなく、AIやロボティクスという新たな情報技術によって、住民に「利便性向上」の幻想を与えながら、「公共サービスの産業化」政策として情報関連企業に公共業務と財源、そして資産としての公共施設を開放するという内実をもっている。いわば、個人情報に関わる人格権や、個々の地域の個性に合わせた行財政の仕組み、公共財産を、これら企業群の「経済成長」の道具として私的に活用する道を大々的に開くものだといえる。

　だが、それによって住民一人ひとりの所得や生活向上が実現する必然性はどこにもない。というのも、標準化、共同化、そして「選択と集中」によって情報関連のハード、ソフト市場、あるは「シェアリングエコノミー」の市場を確保するのは、地元の中小企業や農家、住民ではなく、外国の資本を含む少数の特定の大企業になるからである。

　むしろ、公共サービスの産業化政策は、TPPやEPA、FTAと連動しているため、政府調達市場の対外開放や、地元企業を優先するローカルコンテンツ規制の廃止と結合しており、中小企業振興基本条例や公契約条例に示される当該地域の中小企業や農家の持続的発

展を維持するための地方自治体の独自施策を大きく制約する恐れの方が強い。

　もともと、政権に対して強い政策的影響力をもつ財界は、国と地方自治体との関係を、親子関係、あるいは親会社と子会社の関係としてとらえる傾向がある。企業のトップダウン的な統治構造論が国と地方の統治構造論に持ち込まれ、憲法に規定された自治体の団体自治権に加え住民の主権や基本的人権も無視した安易で粗雑なアナロジーで、地方自治体が持っている公的財源、仕事そのものを、「儲け」の対象としてしか見ていないといえる。

　だが、国と地方自治体との関係は、憲法及び地方自治法で明確に規定しているように、対等な関係であり、どちらの主権者も国民、住民である。そして地方自治体の基本的責務は、「住民の福祉の増進」にあり（地方自治法第1条の2）、現在、国が進め、いくつかの自治体の首長が好んで強調する「儲ける自治体」「稼ぐ自治体」にあるのではない。

　このことは、『ガバナンス』18年9月号の特集「『基礎自治体』のゆくえ」において片山善博元総務相をはじめとするほぼすべての寄稿者が2040構想を厳しく批判している点でもある。そして真面目な地方自治体関係者なら誰しもが一致できる点でもある。個々の自治体での公共サービスの産業化に対する地域社会運動と併せて、政府による地方自治破壊や、一部企業のための「行政の私物化」に対抗して、地方自治体と国を、主権者である住民・国民のものに取り戻す取り組みが早急に求められているといえる。

25　例えば、経済同友会「基礎自治体強化による地域の自立」2006年が典型的である。

Ⅲ　地方交付税解体へのシナリオ
―「自治体戦略 2040 構想」の求める地方財政の姿―

平岡　和久

はじめに

　自治体戦略 2040 構想研究会第一次報告・第二次報告（以下、研究会報告）は、日本全体の人口減少や東京圏への人口集中を前提として、2040 年頃の姿を描き、それに対して今から調整するための自治体改革および地方制度改革の必要性を提起している[1]。その主な中身は、①「スマート自治体」への転換＝行政サービスの標準化・共通化、②新しい公共私の協力関係の構築＝自治体のサービス供給者からの撤退、③「圏域行政」・「圏域ガバナンス」＝小規模市町村の行財政権限を中心都市に移行、といったものである。

　以上の①から③はすでに関連する施策が展開されており、それらの施策を推進するための地方財政制度における対応も行われてきた。これまでの安倍政権下の地方財政改革は「集権的地方財政改革」と特徴づけることができるが、それらは研究会報告が目指す地方行財政の姿を先取りしたものといえる。

　集権的地方財政改革と研究会報告を合わせてみれば、財政赤字下での長期的経済衰退と若年労働力の減少に直面した安倍政権が、経済成長を再び取り戻すことと財政再建、公務員削減を両立させるための一石三鳥の戦略として、「スマート自治体」化と中核都市への行

1　本章は以下をもとに加筆・修正したものである。平岡和久「『自治体戦略 2040 構想研究会報告』と地方財政改革」『住民と自治』2019 年 2 月号、17〜21 頁。

財政権限の集中化を進め、公共部門「身軽化」による法人負担軽減と中核都市の成長拠点化を図ろうというシナリオがみてとれる。

しかし、こうしたシナリオでは、自治体業務を受託する一部の大手企業等の利益にはなるかもしれないが、21世紀日本社会が直面する医療・介護、貧困問題、子育て、災害リスク増大等にともなう様々な課題の解決にはならない。それどころか問題をさらに悪化させるおそれが強い。「スマート自治体」化にともない公共部門と公務労働の役割が縮小すれば、住民の人権を守り、公共性を確保するための基盤が弱まるおそれがある。中核都市への行財政権限の集中化は小規模自治体の自治権限と独自性を奪い、農山漁村の独自の発展基盤を失わせるおそれがある。さらに消費増税が加われば、国内消費のさらなる低迷と経済悪化が予想され、そうなれば財政赤字が再び拡大し、社会保障、地方経費等のさらなる削減が行われ、負のスパイラルに陥る危険性がある。

以下では、まず、安倍政権下における集権的地方財政改革の展開を整理し、そのうえで、研究会報告の構想する地方行政の姿と地方財政制度に関わる問題を考察する。

1　安倍政権下における集権的地方財政改革の展開

(1)　集権的地方財政改革の3つの領域

安倍政権下における集権的地方財政改革の展開は次の3つの領域からなる。第一に、マイナスサムゲーム下における「生き残り競争」促進のための地方財政改革（以下、競争主義改革と呼ぶ）である。それは、ふるさと納税、地方交付税における成果配分方式、地方創生関係交付金などを含むものであり、自治体間の「生き残り競争」の土俵を設定し、自治体を競わせ、一部の「勝ち組」と多くの「負け組」を生み出し、「あきらめ」のマインドづくりを演出する。

第二に、自治体行政の「標準化」・「アウトソーシング化」「産業化」促進のための地方財政改革（以下、自治体空洞化改革と呼ぶ）である。それは、地方交付税におけるトップランナー方式、自治体業務改革、公務公共サービスの産業化、公営企業改革などを含むものであり、標準化・アウトソーシングによる効率化を推進することによって自治行政権の空洞化とともに企業の収益源となる公共サービス市場拡大をもたらす。

第三に、拠点化、広域化、圏域単位の行政の促進のための地方財政改革（以下、圏域行政化改革と呼ぶ）である。それは、連携中枢都市圏、立地適正化計画、「小さな拠点」、水道事業の広域化、公共施設等総合管理計画、学校統廃合の推進などを含む。

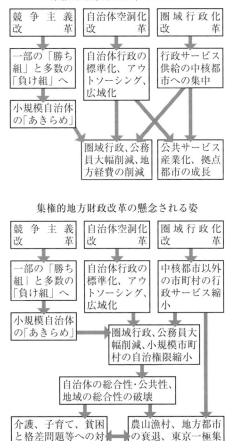

図表Ⅲ-1　集権的地方財政改革のねらいと懸念される姿

出所：筆者作成

以上の集権的地方財政改革のねらいと懸念される姿については**図表Ⅲ-1**のように整理することができる。集権的地方財政改革のね

らいは、先に述べたように経済成長、財政再建および公務員削減を
実現することにあるが、ねらいどおりにならないであろう。なぜな
ら、集権的地方財政改革が自治体の総合性・公共性を破壊するととも
に、地域の総合性やコミュニティの破壊につながるおそれが強いか
らである。自治体の総合性・公共性や地域の総合性・コミュニティ
が破壊されれば、地域で生活するための共同社会条件が失われ、医
療、介護、子育て、災害予防等の切実な公共的課題に対応すること
が困難になる。

　また、小規模市町村の権限縮小や中核都市への投資・施策の集中
化は、逆都市化や田園回帰の潮流に水を差し、農山漁村や地方都市
の衰退、東京一極集中を加速化する方向に作用するであろう。そう
なれば、人口減少も一層加速化することになるであろう。

　以上、安倍政権下で進められている集権的地方財政改革の構図を
示したが、以下では、さらに実際の改革動向を検討する。

(2)　骨太方針 2018 と新経済・財政再生計画

　研究会報告を検討する前に、2018 年 6 月に策定された「経済財政
運営と改革の基本方針 2018」(以下、骨太方針 2018) をみておく。骨太
方針 2018 は、新経済・財政再生計画を含んでおり、2017 年 12 月の
「新しい経済政策パッケージ」において従来設定されていた 2020 年
度 PB バランス (基礎的財政収支) 黒字化目標を先送りしたことを
受け、財政健全化目標として、「経済再生と財政健全化に着実に取り
組み、2025 年度の国・地方を合わせた PB 黒字化を目指す」、「同時
に債務残高対 GDP 比の安定的な引下げを目指すことを堅持する」
という目標を掲げた。

　その際、社会保障改革を軸とする「基盤強化期間」を設定し、2019
年度〜2021 年度を「基盤強化期間」と位置付けている。

財政健全化目標と毎年度の予算編成を結び付けるための仕組みについては、①社会保障関係費については、再生計画において、2020年度に向けてその実質的な増加を高齢化による増加分に相当する伸びにおさめることを目指す方針を2021年度まで継続し、2022年度以降は状況等を総合的に勘案して検討する、②一般歳出のうち非社会保障関係費については、経済・物価動向等を踏まえつつ、安倍内閣のこれまでの歳出改革の取組を継続する、③地方の歳出水準については、国の一般歳出の取組と基調を合わせつつ、地方交付税交付団体をはじめ地方の安定的な財政運営に必要となる一般財源の総額について、2018年度地方財政計画の水準を下回らないよう実質的に同水準を確保するとしている。

　社会保障における具体的取り組みとしては、①予防・健康づくりへの取組やデータヘルス、保健事業について、多様・包括的な民間委託を推進、②国保財政の健全化に向け、法定外繰入の解消など先進事例を後押しするとともに横展開を図り、受益と負担の見える化を進める、③高齢者の医療の確保に関する法律第14条に基づく地域独自の診療報酬について、都道府県の判断に資する具体的な活用策の在り方を検討する、④高齢者医療制度や介護制度において、所得のみならず資産の保有状況を適切に評価しつつ、「能力」に応じた負担を求めることを検討するといった内容が打ち出されている。

　社会資本整備については、①重点プロジェクトの明確化、官民資金の重点化、②PPP/PFIの推進、③コンパクト＋ネットワークの推進、公共施設統廃合の推進といった点があげられている。

　地方行財政改革については、まず基本的考え方として、以下を示している。第一に、地域経済を再生すると同時に、次世代に持続可能な地方財政制度を引き渡していくことが重要であるとし、このため、2040年頃を見据えて課題をバックキャストし、必要となる取組

を実行するとともに、国・地方で基調を合わせた歳出改革や効率化に取り組むとしている。

第二に、地方の歳出改革等の加速・拡大に取り組む中で、臨時財政対策債等の発行額の圧縮、さらには、臨時財政対策債等の債務の償還に取り組み、国・地方を合わせたPB黒字化につなげるとしている。第三に、歳出効率化等の支援や「見える化」の推進等を通じて、改革意欲を高め、効果の高い先進・優良事例の横展開を後押しすると同時に、業務のデジタル化・標準化・広域化等を後押しするとしている。第四に、地方交付税制度をはじめとする地方行財政改革を進めるとしている。

以上の社会保障と地方経費抑制等による財政再生計画は、行政効率化と財政収支均衡のみが優先される一方、国民生活の実態や21世紀日本社会に求められる公共部門の役割に関するビジョンが見えない。

(3) 骨太方針2018と地方行財政改革

骨太方針2018における地方行財政改革は以下のように打ち出されている。第一に、持続可能な地方行財政構築として、行政コストの効率化に向け、全ての行政分野において、多様な広域連携を推進するとしている。特に、小規模自治体については周辺の中核都市や都道府県との間の連携・補完に係る制度の活用等を推進するとしている。また、現行の合併特例法が2019年度末に期限を迎えることへの対応を検討するとともに、公共サービスの広域化・共同化の取組を着実に推進するとしている。

また、地方交付税について、改革努力等に応じた配分の強化を検討すること、基準財政需要額の在り方を含め、将来の人口構造の変化に対応した地方団体の行財政制度の在り方を検討すること、およ

び、地方の独自財源の確保とそれによる地方独自の行政サービスの向上への取組を促進することが打ち出されている。

　第二に、地方交付税をはじめとした地方財政制度の改革である。窓口業務の委託については、地方独立行政法人の活用や標準委託仕様書等の拡充・全国展開などの取組を強化し、その状況を踏まえ、トップランナー方式の2019年度の導入を視野に入れて検討するとしている。また、業務改革の取組等の成果を、地方財政計画及び基準財政需要額の算定基礎へ適切に反映するとしている。

　第三に、公営企業・第三セクター等の経営抜本改革であり、公営企業の広域化、連携、再編・統合など経営の抜本改革を加速するとしている。公営企業については、経営戦略の策定及びPDCA等を通じて、更新費用や料金、繰出基準外の繰出金を含めた他会計からの繰入状況等の収入・支出や、管理者の情報の「見える化」や、繰出基準の精査・見直し、事業廃止、民営化、広域化等及び外部の知見の活用といった抜本的な改革等を推進するとしている。第三セクター等については、財政的リスク状況を踏まえ、各地方公共団体における経営健全化のための方針の策定・公表を推進するとしている。

　特に水道・下水道については、広域化・共同化の推進を含め、持続的経営を確保する方策等を検討し、具体的な方針を年内に策定するとともに、多様なPPP／PFIの導入や広域化・連携を促進するとしている[2]。また、公立病院については再編・ネットワーク化を推進するとしている。

　第四に、国・地方の行政効率化、IT化と業務改革であり、自治体

2　汚水処理施設に関しては、「経済財政運営と改革の基本方針2017」を踏まえて策定された「経済・財政再生計画」改革工程表（2017改定版）では、2022年度までの広域化を推進するため、関係4省（総務省、農水省、国交省、環境省）が以下の2つの目標を設定している。目標①汚水処理施設の統廃合に取り組む地区数、②全ての都道府県における広域化・共同化に関する計画策定。

行政の様々な分野で、団体間比較を行いながら、関係府省が連携してICTやAI等を活用した標準的かつ効率的な業務プロセスを構築し、業務手法の標準化・コスト縮減を進めるとしている。また、自治体クラウドの一層の推進に向け、各団体はクラウド導入等の計画を策定し、国は進捗を管理するとしている。

また、行政手続コストの削減に向けて、自治体による許認可・補助金の手続簡素化、書式・様式の統一やデジタル化・オンライン化に積極的に取り組む自治体への支援を進めることや、戸籍事務などの公共性の高い分野におけるマイナンバー制度の利活用を進めるとともに、情報連携対象事務の拡充を行うことが打ち出されている。

第五に、見える化、先進・優良事例の横展開であり、地方財政計画と決算の差額の「見える化」、統一的な基準による公会計の活用などが打ち出されている。

さらに、歳出改革等に向けた取組の加速・拡大として地方行財政に関わって以下の方針が示されている。第一に、多様・包括的な公民連携（PPP）を推進し、サービスの質と効率性を高めるとともに、成功報酬型を含め、地方自治体に取組を促すインセンティブを導入するとしている。第二に、技術革新の導入に向け、地方自治体ごとに異なる書類や収集データ、無記名化への対応の違いなどの課題の解消のため、関係府省、地方自治体等が連携し、広域的にサービスや手続等の標準化を進めることを基本原則とし、標準化が困難なものについてはその理由についての説明責任を果たすこととするとしている。第三に、官民連携の下、データヘルスの取組、PPP／PFI、地方行政サービスの民間委託等の公的サービスの産業化の取組を加速・拡大するとしている。

以上の改革方向は、行政コスト削減と公的サービスの産業化の目的からみると一貫しているようにみえるが、住民の生活権や公共性

の観点からの検討が欠如している。また、自治の視点や地域の総合性の視点も欠如している。公的サービス供給の自治体からの「追い出し」と産業化を進めれば何が起こるかについては、別途の検討が必要だが、欧米の水道事業の民営化と再公営化の動向をみるなどすれば容易に想像できる。住民生活に対して自治体が責任を果たすことにより、行政コスト削減や公的サービス産業化を優先する政策方向は抜本的に改めなければならない。

2　自治体戦略2040構想研究会報告の描く地方行政と統治の姿

　自治体戦略2040構想研究会報告の思考方法は2040年頃の姿を描き、バックキャスティングに課題を整理し、対応策を打っていくというものである[3]。研究会報告の2040年の姿からみた現状認識は、自治体経営資源の制約・若年者の減少が労働力の不足につながり、そのため公共部門の維持できるサービス、公共施設の減少につながるというものである。そのため、半分の職員でも担うべき機能が発揮される自治体を目指そうというのである。

　そのため、第一に、「スマート自治体への転換」が求められるとしている。破壊的技術（AI、ロボティックス、ブロックチェーンなど）を活用した自動化・省力化を進めるとともに、自治体行政の標準化を図るという。標準化された自治体業務は複数の自治体において共通化することが可能となる。そこで、AI、ロボティックスの運用など破壊的技術を使いこなすために専門的な能力をもつ人材（プロジェクトマネージャー）を確保し、複数の自治体業務を担当することが想定されている。

3　研究会報告の「バックキャスティング」という用語の使い方には違和感がある。本来、バックキャスティングとは、あるべき将来の姿や目標を設定し、その実現に向けた取り組みを今から行うというものだが、研究会報告では来るべき危機を乗り越えるをというスタンスをとっており、目指すべき社会像や目標が明確でない。

図表Ⅲ-2　スマート自治体への転換イメージ

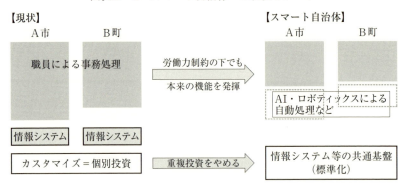

出所：経済財政諮問会議への総務省提出資料（2018年11月20日）より作成

　具体的には、行政内部（バックオフィス）において従来職員が担ってきた業務をAI、ロボティックスによる自動処理などに切り替え、標準化された共通基盤を用いた効率的なサービス提供体制を構築する。特にクラウドサービスによって自治体情報システム（国保、戸籍、公会計等）を共通化することが求められるとしている。さらに、情報システムや行政サービス等の申請書式等が自治体によってバラバラでは重複投資となり、コストがかかるとともに複数自治体の業務の一体的管理ができないので、情報システムや申請書式等の共通基盤化を確実にするため新たな法律による義務付けを検討するというものである。そうすることで情報システムの確実な共通化によって低廉化が図れるというのである。なお、行政と利用者とのインターフェイス（行政手続き）については、住民・企業の利便性の観点から一元化を優先させ、電子化と標準化を進める必要があるとしている。つまり、個々の自治体の独自性を確保することよりも行政手続きの一元化を優先するということである（図表Ⅲ-2参照）。
　第二に、「公共私による暮らしの維持」という枠組みが示されている。自治体の経営資源の制約から、新しい公共私の協力関係の構築

Ⅲ　地方交付税解体へのシナリオ　*87*

図表Ⅲ-3　新たな公共私の協力関係

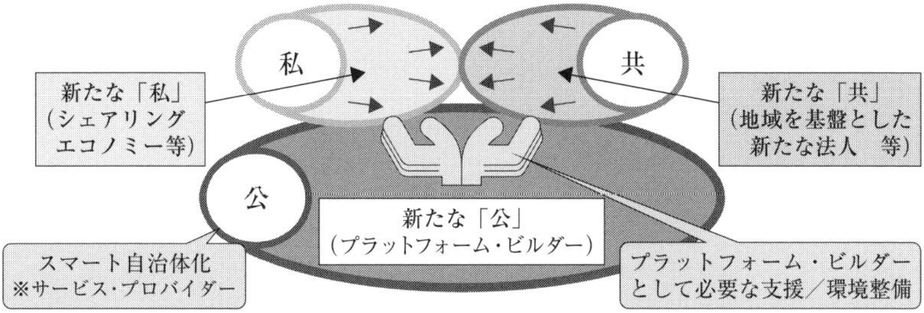

出所：「自治体戦略 2040 構想研究会第二次報告」より作成

が求められるというのである。新たな「公」は、スマート自治体である。具体的には自治体は「サービス・プロバイダー」としての機能だけでなく、「プラットフォーム・ビルダー」への転換が求められるとされている。新たな「共」は地方部における地域運営組織、大都市部では地域を基盤とした新たな法人が想定されている。新たな「私」の姿としてはシェアリングエコノミー等が想定される。シェアリングエコノミーとは、内閣府シェアリングエコノミー促進室によると、「個人等が保有する活用可能な資産等（スキルや時間等の無形のものを含む）をインターネット上のマッチングプラットフォームを介して、他の個人等も利用可能とする経済活性化活動」をいうものである。シェアリングエコノミー活用事例として、観光振興（体験型観光など）、地域の足の確保（相乗りなど）、子育て支援（子育て、家事のシェアサービスなど）などがある（**図表Ⅲ-3参照**）。

　第三に、圏域単位の行政のスタンダード化である。圏域を、自治体と府省の施策（アプリケーション）の機能が最大限発揮できるプラットフォームにする必要があるとし、そのためには「圏域単位で行政を進めることについて真正面から認める法律上の枠組みを設け、圏域の実体性を確立し、顕在化させ、中心都市のマネジメント力を高め、合意形成を容易にしていく方策が必要ではないか」という問

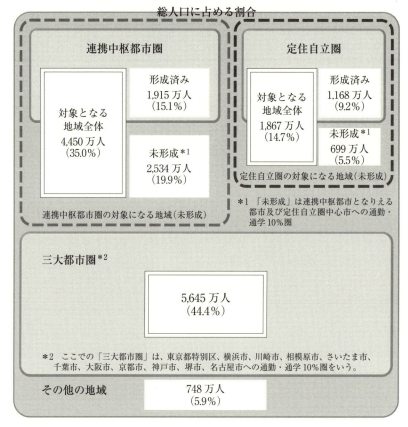

図表Ⅲ-4　圏域マネジメントと二層制の柔軟化

題提起を行っている。この問題提起が第32次地方制度調査会の諮問へとつながっていったのである（図表Ⅲ-4参照）。

　第四に、「東京圏のプラットフォーム」として東京圏問題を特に取り上げている。東京圏をはじめ三大都市圏の急速な高齢化が我が国全体の危機となるとし、早急に近隣自治体との連携や「スマート自

Ⅲ 地方交付税解体へのシナリオ　89

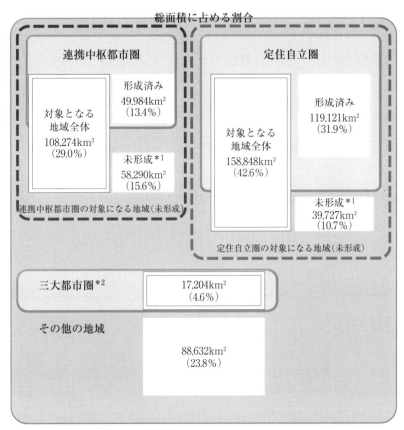

原出所：2015年国勢調査を基に総務省作成
出所：第8回自治体戦略2040構想研究会（2018年2月23日）における事務局提出資料

治体」への転換をはじめとする対応を講じなければ危機が顕在化するとしている。東京圏においては、圏域全体で取り組むべき行政課題として、以下の3つがあげられている。①圏域全体の医療・介護サービスの供給体制、②首都直下型地震における広域避難体制、③23区以外における職住近接の拠点都市の構築。これらの行政課題に

関し、九都県市をはじめ国を含め圏域全体でマネジメントを支える
プラットフォームが必要であるとしている。

研究会報告は、総務省がめざす新たな地方統治機構改革の一環と
して、その青写真を描いたものと考えられる。圏域行政を法制化す
ることによって、5万人未満の市を含む小規模自治体の自治権を縮
小し、圏域行政を政府の施策の受け皿にしていくことによって都道
府県の役割も大きく変わることになる。その行きつく先は道州制が
想定されると考えるのが自然である。その意味では、道州制導入へ
の新たな布石であるともいえる。

3　地方財政改革と自治体財政への影響はどうか

次に、研究会報告が目指す地方行政と地方統治構造の姿に対して、
それを実現するために必要とされる地方財政改革とは何かが問題に
なる。研究会報告が目指す「スマート自治体」や圏域行政のスタン
ダード化など対しては、自治体の独自性や自治の立場からの批判や
抵抗が予想される。それは圏域行政が小規模市町村の自治を壊すの
であれば、当然の反応であろう。

地方財政制度改革は「スマート自治体」や圏域行政のスタンダー
ド化への強力な推進力になりえる。なぜなら、自治体財政の悪化と
余裕度の低下のなかで、自治体は財政誘導に敏感に反応する傾向が
あるからである。

研究会報告が目指す地方行政の姿を実現するための地方財政改革
は、すでに先に述べた集権的地方財政改革として具体化している。
また、骨太方針2018では、集権的地方財政改革のさらなる方向性が
示されている。それらを踏まえて、研究会報告が目指す姿から予想
される地方財政改革を改めて整理すると以下のようになる。

第一に、徹底した行政効率化を強引に推進するための地方財政改

革である。徹底した行政効率化とは、破壊的技術（AI、ロボティックス、ブロックチェーンなど）を活用した自動化・省力化による経費削減や情報システム（国保、戸籍、公会計等）の共通化による経費削減の促進を図ろうというものである。そのため、一つは改革努力等に応じた交付税算定などの財政措置によるインセンティブを強めることになるであろう。骨太方針2018ではインセンティブに関して成功報酬型を含めるといった文言も入っているが、地方自治の露骨な侵害に他ならない。もう一つは、骨太方針2018では全ての行政にわたって多様な広域連携を促進することを打ち出しており、広域的にサービスや手続等の標準化を進めることを基本原則とするとしており、広域的標準化を政府の地方財政措置の前提条件にすることが検討される可能性がある。もしそうなれば事実上の財政制度による「強制」となり、自治への侵害はますます拡大するであろう。

　さらには、地方財政計画および基準財政需要額の算定において、行政サービスの標準化、クラウド化、アウトソーシング化を基準に単価の切り下げを行い、交付税総額の抑制を図ることが検討されるであろう。すでに、地方交付税においては、トップランナー方式と称して基準財政需要額の算定の前提となる単位費用は民間委託等を前提にした算定へと切り替えが進んでおり、2019年度から窓口業務にもトップランナー方式を適用することが目指されている（トップランナー方式による基準財政需要額の見直し内容については**図表Ⅲ－5参照**）。しかし、窓口業務は自治体が住民と向き合い、住民とのコミュニケーションをつうじて住民ニーズを把握し、政策につなげるとともに、住民の人権保障のための自治体職員の裁量権を発揮する、自治体行政の最前線である。窓口業務のアウトソーシング化はバックオフィス業務の広域標準化・アウトソーシング化と相まって、自治体空洞化をいっそう促進することになるであろう。

図表Ⅲ-5　トップランナー方式を反映した基準財政需要額の見直し内容について
【市町村分】

対象業務		基準財政需要額の算定項目		見直し年数	開始前年(2015年度)	2016年度
2016導入分	◇学校用務員事務 （小学校、中学校、高等学校）	小 学 校 費(1校当たり)		5	3,707	3,551
		中 学 校 費(1校当たり)			3,707	3,551
		高等学校費(1校当たり)			7,353	7,113
	◇道路維持補修・清掃等	道路橋りょう費		3	153,607	148,781
	◇本庁舎清掃 ◇本庁舎夜間警備 ◇案内・受付 ◇電話交換 ◇公用車運転	包括算定経費		3	55,483	51,775
	◇一般ごみ収集	清 掃 費		見直し済み	192,962	据え置き
	◇学校給食（調理）	小 学 校 費		見直し済み	20,255	据え置き
	◇学校給食（運搬）	中 学 校 費		見直し済み	12,782	据え置き
	◇体育館管理 ◇競技場管理 ◇プール管理	その他の教育費		3	31,370	30,727
	◇公園管理	公 園 費		見直し済み	51,569	据え置き
	◇庶務業務 （人事、給与、旅費、福利厚生等）	包括算定経費		5	庶務業務として特定せず包括的に算定	2,280の減
	◇情報システムの運用 （住民情報関連システム、税務関連システム、福祉関連システム等）	戸籍住民基本台帳費		3	17,586	16,146
		徴 税 費			32,030	29,407
		包括算定経費			36,204	33,239
2017導入分	◇公立大学運営	その他の教育費	理科系学部(1人当たり)	5	／	1,694
			保健系学部(1人当たり)		／	1,938

注：表中、括弧でくくってある数値は見直し完了年度の経費と見直し年数から割り出した数値

　第二に、圏域行政のスタンダード化を強引に促進する地方財政改革である。圏域行政をスタンダード化すれば、それを前提に地方交付税の基準財政需要額の算定を行うことが予想される。すでに、連携中枢都市への交付税措置など圏域行政を先取りして広域化を促進する地方財政措置が導入されているが、さらに圏域行政を促進する財政措置が強化されることになるであろう（連携中枢都市への財

見直し内容							基準財政需要額の算定基礎とする業務改革の内容
経費水準の見直し（単位：千円）					経費区分の見直し（給与費→委託料等）	段階補正の見直し	
2017年度	2018年度	2019年度	2020年度	2021年度			
3,395	3,239	(3,083)	2,927	—	○		
3,395	3,239	(3,083)	2,927	—	○		
6,873	6,633	(6,392)	6,152	—	○		
142,264	139,129	—	—	—			民間委託等
48,097	44,359	—	—	—	○	○	
据え置き	据え置き	据え置き	据え置き	—	○		
据え置き	据え置き	据え置き	据え置き	—	○		
据え置き	据え置き	据え置き	据え置き	—	○		
30,084	29,441	—	—	—	○	○	指定管理者制度導入、民間委託等
据え置き	据え置き	据え置き	据え置き	—	○		
4,560の減	6,840の減	(9,118の減)	11,398の減	—	○	○	庶務業務の集約化
14,705	13,265	—	—	—			情報システムのクラウド化
26,783	24,160	—	—	—	○		
30,274	27,309	—	—	—			
1,647	1,600	(1,553)	(1,506)	1,460	○		地方独立行政法人化
1,884	1,830	(1,776)	(1,722)	1,668			

出所：総務省資料より作成

政措置については**図表Ⅲ−6参照**）。なかでも経済財政諮問会議において、有識者議員から過疎対策事業債について過疎自治体以外を巻き込んだ広域化事業に活用できる仕組みを構築することが提言されており、2020年度末に期限を迎える現行過疎法に代わる財政措置がどうなるかは過疎地域の自治体にきわめて大きく影響する問題であろう。しかしながら、圏域行政のスタンダード化といって

図表Ⅲ-6　連携中枢都市圏への財政措置

1　連携中枢都市及び連携市町村の取組に対する包括的財政措置
　(1)　連携中枢都市の取組に対する財政措置
　　①普通交付税
　　　「経済成長のけん引」及び「高次都市機能の集積・強化」の取組に対する財政措置
　　　圏域人口に応じて算定（圏域人口75万の場合、約2億円）
　　②特別交付税
　　　「生活関連機能サービスの向上」の取組に対する財政措置
　　　1市当たり年間1.2億円程度を基本として、圏域内の連携市町村の人口・面積及び
　　　連携市町村数から上限額を設定の上、事業費を勘案して算定
　(2)　連携市町村の取組に対する特別交付税措置
　　　1市町村当たり年間1,500万円を上限として当該市町村の事業費を勘案して算定
2　外部人材の活用に対する財政措置
　　圏域外から専門性を有する人材を確保し活用する経費に対する特別交付税措置
　　圏域構成市町村当たり年間700万円を上限、最大3年間
3　個別の施策分野における財政措置
　(1)　病診連携等による地域医療の確保に対する財政措置（特別交付税）
　　　病診連携等により地域の医療提供体制の確保に取り組む市町村に対し特別交付税措置
　　　（措置率80％、上限800万円）。
　(2)　へき地における遠隔医療に対する財政措置の拡充（特別交付税）
　　　遠隔医療システム運営に要する経費への特別交付税措置の拡充（80％）
4　連携中枢都市圏の形成に対応した辺地度点数の算定要素の追加
　　辺地度点数の積算に当たって連携中枢都市までの距離を算定することを可能とする

出所：総務省「連携中枢都市圏構想の推進に向けた総務省の財政措置の概要」（2016年4月）より作成

も、交付税は各市町村に交付されることに変わりはない。圏域行政に自治体財政を適合させるために、あらためて市町村合併推進が図られる可能性がある。

　第三に、骨太方針2018において、地方の独自財源の確保とそれによる地方独自の行政サービスの向上への取組を促進することが打ち出されていることに注意すべきである。地方の独自財源には課税自主権の発揮とともに税外負担の導入、拡大が含まれるとみなければならない。おりしも2018年6月、エリアマネジメント負担金制度が導入されたことにも注意が必要である。同制度は3分の2の事業者

図表Ⅲ-7 地域再生エリアマネジメント負担金制度の仕組み

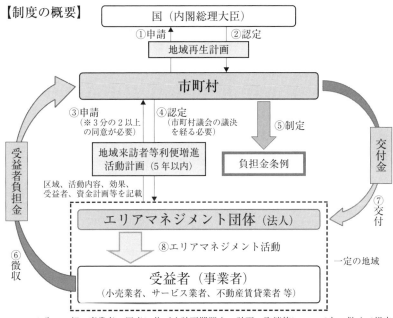

※3分の1超の事業者の同意に基づく計画期間中の計画の取消等についても、併せて規定
出所：内閣官房・内閣府資料（2018年6月）より作成

の同意を要件として、市町村が、エリアマネジメント団体が実施する地域再生に資するエリアマネジメント活動に要する費用を、その受益の限度において活動区域内の受益者（事業者）から徴収し、エリアマネジメント団体に交付するというものである（**図表Ⅲ-7参照**）。研究会報告における公共私の協力関係の構築に関連して、区域に基づく「地方自治・地域自治」から「機能的自治」への転換（白藤、2018、参照）が想定され、そのための財源確保の仕組みの一つとしてエリアマネジメント負担金制度が位置付けられるとおもわれる。こうした税外負担の仕組みを拡大することは地方自治と財政民主主義の観点からみればきわめて問題がある。これらの税以外の財源は

地方財政計画には位置付けられない。地方財政計画の外側での財源が増えれば、それだけ地方交付税総額の抑制へとつながる可能性がある。

4　2019年度政府予算案と地方財政対策の動向

　以上のように、自治体戦略2040構想に関わる地方財政改革が推進されれば、自治体財政や自治体のあり方を大きく変えることになる可能性がある。では、2019年度政府予算案と地方財政対策において、自治体戦略2040構想がどう具体化されるのであろうか。政府予算案は、自治体戦略2040構想のみでなく、改憲と経済成長を目指す安倍政権の政権運営に大きく影響されており、さらに消費税引き上げによる日本経済へのマイナスの影響を軽減することも求められていることから、それらをも考慮したものとなっていることに注意が必要である[4]。

　2019年度における国家財政および地方財政において最も重要な改革は、消費税率10％への引き上げを含む消費税改革である。2019年度政府予算案における消費税引き上げ及び関連対策は以下の枠組みとなっている。

　2019年10月に予定されている消費税引き上げによる税収増は、税率引き上げ分＋5.7兆円から軽減税率分1.1兆円を差し引いた＋4.6兆円であり、さらにたばこ税、所得税見直しによる増収分＋0.6兆円を合わせてみると税収増は＋5.2兆円を見込んでいる。なお、消費税引き上げによる2019年度増収分は＋1.57兆円に止まる。

　消費増税によるマクロ経済への影響を軽減するための消費税対策として、①幼児教育無償化、年金生活者支援金等＋3.2兆円の受益

4　財務省平成31年度予算案関係資料及び総務省自治財政局「平成31年度地方財政対策の概要」（2018年12月21日）参照。

増、②臨時対策等（ポイント還元、プレミアム付商品券、住宅減税等）、の2つの柱が打ち出されている。そのうち①については税負担増5.2兆円から受益増3.2兆円を差し引くと2兆円の負担増となり、経済への影響を2兆円程度に抑制すると説明されている。さらに②の臨時対策2.3兆円によって経済への影響を乗り越えるというのであるが、果たしてそうか。消費税引き上げによるマイナスの影響を過少評価しているのではないか。[5]

　次に政府予算案の特徴をみておこう。まず、予算の前提としての経済見通しであるが、名目成長率2.4％、実質成長率1.3％を想定した甘い見通しとなっている。「日中貿易戦争」とも言われる国際経済情勢の動向にもよるが、2019年度以降の日本経済に対しては厳しい予測も行われていることに注意する必要がある。甘い経済見通しを前提として政府予算案の規模は101.5兆円と過去最高であり、国税収も62.5兆円と過去最高を見込んでいる。

　歳出では防衛計画大綱にもとづき軍事費が拡大し、過去最高となっており、公共事業関係費も＋1.3％を確保している。その一方で、社会保障費は消費増税対策分を増額する一方、自然増分を抑制しており、文教費は微増にとどまっている。また、地方一般財源（水準超経費を除く）は社会保障関係費の地方負担分の増加が見込まれるにも関わらず＋0.4兆円の微増にとどまっている。

　総じて、2019年度政府予算案は、甘い経済見通しにもとづく予算による軍事費、公共事業拡大、消費税対策としてのバラマキの一方、社会保障抑制、中小企業対策削減、文教費抑制、地方経費抑制という傾向が際立つものであると言えよう。

　次に、2019年度地方財政に関わる問題をいくつか確認しておこう。

5　消費税率8％への引上げが日本経済に及ぼしたマイナスの影響については、藤井聡（2018）、参照。

まず、消費税増収分を活用した幼児教育無償化に係る財源負担であるが、公立保育所等を除く施設等については国1/2、都道府県1/4、市町村1/4の負担割合で、公立保育所等は市町村10/10となっている。それに対して、地方団体からは国が全額負担すべきという意見があがったが、次のように決着した。すなわち、2019年度の所要額2349億円に対してのみ地方負担分を措置する子ども・子育て支援臨時交付金（仮称）を創設し、全額国費で対応することとし、2020年度以降は地方交付税における基準財政需要額において財源保障するというものである。幼児教育無償化に係る地方財源負担に対する地方団体の反発の背景には、政府による中長期的な地方一般財源保障に対する不透明感あるいはそれに対する自治体関係者の不信感があるとおもわれる。

　第二に、ふるさと納税の見直しである。ふるさと納税とは、個人が自治体に対して行った寄付の額から2000円を差し引いた額を住民税および所得税から控除する仕組みであり、寄付を行う個人にとっては2000円の負担と引き換えに寄付先の自治体から返礼品を受け取ることによって「濡れ手に粟」の受益が得られる。それに対して、今次の税制改正によって、2019年6月以降、返礼品の金額を寄付額の3割以下にするとともに、返礼品を地場産品に限定する条件が課せられる。しかし、このような改正はふるさと納税制度の本質的な問題点を避ける場当たり対応に過ぎない。ふるさと納税制度は個人の自由意思で納税自治体を選択するという意味では財政民主主義や住民自治から逸脱しており、また応益原則や負担分任制といった地方税原則に反し、自治体間の税源奪い合いを煽る競争主義的制度である。それゆえ、ふるさと制度は廃止し、本来の寄付税制に戻すべきである。

　第三に、地方法人課税の見直しによる地方税源の偏在是正である。

すでに 2016 年度税制改正において、消費税 10% 引き上げ時に地方法人特別税・譲与税を廃止し法人事業税に復元するとともに、法人住民税法人税割の税率の引下げ及び地方法人税の税率の引上げが決定されていた。今次の税制改正では、それに加えていったん復元された法人事業税の税率の再度の引き下げと国税として特別法人事業税（仮称）が創設される。地方から国に逆税源移譲し、その税収を税源の偏在是正に向けるということである。このような地方一般財源保障総額を抑制するために税制改正によって地方間の財源調整を図る手法は、地方税の拡充による地方自治の拡充という観点からみれば逆行している。地方の財源調整に関しては地方交付税の拡充を図ることこそ本筋である。

　次に、地方財政対策の特徴を確認しておこう。通常収支分歳入をみると、一般財源総額は 62.7 兆円（＋0.6 兆円）、水準超経費を除くと＋0.4 兆円（＋0.7％）と微増にとどまっている。また、地方税・地方譲与税は＋0.87 兆円、地方交付税・臨時財政対策債を合わせた「実質的交付税額」は−0.56 兆円である。

　通常収支分歳出をみると、給与関係費＋0.1％、一般行政経費補助＋4.5％、一般行政経費単独＋0.8％、投資的経費直轄・補助＋18.9％、投資的経費単独＋5.2％、公債費−2.4％、公営企業繰出金−0.7％ となっている。消費税対策など、安倍政権の政策への地方の動員が目立つ一方、一般財源保障は抑制されているといえよう（**図表Ⅲ−8 参照**）。

　歳出の内訳においては以下の事項がポイントとなっている。第一に、緊急自然災害防止対策事業費（2019 年度、2020 年度）であり、緊急自然災害防止対策事業債の充当率 100％、交付税措置 70％ となっている。第二に、地方創生関係費は引き続き 1 兆円を計上している。第三に、公共施設等適切管理推進事業費は前年同額 4800 億円を

図表Ⅲ-8　2019年度地方財政収支見通し（通常収支分）

（歳入）		（歳出）	
		給与関係経費	20.3兆円（＋0.0兆円）
地方税・地方譲与税	42.9兆円（＋0.9兆円）	一般行政経費 　うち一般行政経費補助 　　　一般行政経費単独	38.1兆円（＋1.0兆円） 21.1兆円（＋0.9兆円） 14.2兆円（＋0.0兆円）
地方交付税	16.2兆円（＋0.2兆円）		
臨時財政対策債	3.3兆円（▲0.7兆円）	投資的経費 　うち直轄・補助 　　　単独	13.0兆円（＋1.4兆円） 6.9兆円（＋1.1兆円） 6.1兆円（＋0.3兆円）
地方特例交付金	0.4兆円（＋0.2兆円）		
国庫支出金	14.4兆円（＋0.8兆円）	公債費 　公営企業繰出金	11.9兆円（▲0.3兆円） 2.5兆円（▲0.0兆円）
地方債（臨時財政対策債以外）6.2兆円（＋0.9兆円）			
その他	4.4兆円（＋0.1兆円）	その他	3.4兆円（＋0.2兆円）
歳入・歳出総額		89.3兆円（＋2.4兆円）	

出所：総務省資料より作成

計上している。

　第四に、水道・下水道事業の広域化の推進である。水道事業については、複数市町村における広域化の施設整備について、経営統合だけでなく、施設の共同設置や事務の広域的処理等の地方単独事業も対象となる。財政措置は、地方負担額の1/2に一般会計出資債（交付税措置率60％）、1/2に水道事業債（交付税措置なし）を充当する。下水道事業については、複数市町村及び市町村内における広域化・共同化に伴い必要となる施設（終末処理、接続管渠等）の整備に対する財政措置として、地方負担額の100％に下水道事業債を充当し、処理区域内人口密度に応じ、元利償還金の28〜56％を普通交付税措置（通常の建設改良事業においては16〜44％（事業費補正分））を講じている。こうした水道・下水道事業の広域化や民間委託等と合わせて推進されており、圏域行政化改革の一環である。

最後に、総務省予算案において自治体戦略 2040 構想の推進が位置付けられていることを確認しておこう。総務省予算案において、①自治体行政スマートプロジェクトの推進 1.4 億円が新規計上されており、また、②クラウドの進展を見据えた次世代の自治体情報システムの在り方等の検討 1.9 億円（＋0.7 兆円）、③圏域における広域連携の推進等 2 億円（＋0.7 兆円）と前年度とくらべて増額となっている。自治体戦略 2040 構想はすでに自治体現場に持ち込まれており、2019 年度予算案においてさらに推進されていくのである。

おわりに

最初にのべたように、研究会報告の示すシナリオでは、21 世紀日本社会が直面する医療・介護、貧困問題、子育て、災害リスク増大等にともなう様々な課題の解決にはならない。研究会報告の主張は人口減少等にともなう様々な公共部門の課題、危機に対して効率化の観点から行政サービス供給体制の改革やそのためのガバナンス改革に収れんしており、維持可能な社会を実現するためのグランドデザインが欠如している。そのことは、研究会報告にエネルギー、環境などを含む地域の総合性の観点が欠如していることや自治の観点が欠落していることにも表れている。

維持可能な社会を目指す視点からみればある程度の人口減少は望ましいといえる。そのうえで、研究会報告や骨太方針の背景にある経済主義を克服し、非経済的価値を含む人間中心の社会への基本的考え方の転換および社会システムの構築が求められる。そのためには財政による再分配機能を高め、基礎的・普遍的サービスの無償提供を実現するための税財政改革が求められる。また、都市と農山漁村の再生のためには、大型開発、外来型開発からの転換、地域内経済循環を重視した地域の内発的発展を後押ししなければならない。

研究会報告や骨太方針 2018 にみられるような地方自治を壊す中央集権的発想による改革を進めてはならない。地方自治の拡充、コミュニティ自治の再生を基礎として、21 世紀日本社会の課題の最前線である自治体、コミュニティにおける課題解決のための仕組みづくりが不可欠な時代になっているのである。

参考文献

・稲継裕昭『AI で変わる自治体業務』ぎょうせい、2018 年 10 月
・今井照「自治体戦略 2040 構想研究会報告について」『自治総研』2018 年 10 月
・白藤博行「地方自治保障なき『自治体戦略 2040 構想』」『地方自治職員研修』2018 年 11 月
・「特集『基礎自治体』の行方」『ガバナンス』2018 年 9 月
・水谷利亮・平岡和久『都道府県出先機関の実証研究—自治体間連携と都道府県機能の分析』法律文化社、2018 年
・平岡和久・自治体問題研究所編『新しい時代の地方自治像と財政　内発的発展の地方財政論』自治体研究社、2014 年
・藤井聡『「10% 消費税」が日本経済を破壊する』晶文社、2018 年

〈著　者〉

白藤博行（しらふじ　ひろゆき）

専修大学法学部教授、日本学術会議会員、弁護士

専門：行政法学、地方自治法学

1952 年三重県生まれ。名古屋大学大学院法学研究科博士後期課程単位取得退学。札幌学院大学法学部助教授、専修大学法学部助教授を経て、現職。

主な著作　『新しい時代の地方自治像の探究』（自治体研究社、2013 年）、『現代行政法の基礎理論 I 』（共編著、日本評論社、2016 年）、『地方自治法への招待』（自治体研究社、2017 年）、『翁長知事の遺志を継ぐ』（共編著、自治体研究社、2018 年）

岡田知弘（おかだ　ともひろ）

京都橘大学教授、京都大学名誉教授、自治体問題研究所理事長

専門：地域経済学

1954 年富山県生まれ。京都大学大学院経済学研究科博士後期課程退学。岐阜経済大学講師、助教授、京都大学大学院経済学研究科教授を経て、現職。

主な著作　『地域づくりの経済学入門』（自治体研究社、2005 年）、『新自由主義か新福祉国家か』（共著、旬報社、2009 年）、『〈大国〉への執念　安倍政権と日本の危機』（共著、大月書店、2014 年）、『地方消滅論・地方創生政策を問う』（編著、自治体研究社、2015 年）、『公共サービスの産業化と地方自治』（自治体研究社、2019 年）

平岡和久（ひらおか　かずひさ）

立命館大学政策科学部教授、自治体問題研究所副理事長

専門：財政学、地方財政論

1960 年広島県生まれ。大阪市立大学大学院経済学研究科後期博士課程単位取得満期退学。高知短期大学助教授、高知大学教授などを経て、現職。

主な著作　『福祉国家型財政への転換』（共著、大月書店、2013 年）、『新しい時代の地方自治像と財政』（編著、自治体研究社、2014 年）、『東日本大震災　復興の検証』（共著、合同出版、2016 年）、『都道府県出先機関の実証研究』（共著、法律文化社、2018 年）

「自治体戦略 2040 構想」と地方自治

2019 年 2 月　5 日　初版第 1 刷発行
2019 年 9 月 10 日　初版第 2 刷発行

　　　　　　著　者　白藤博行・岡田知弘・平岡和久

　　　　　　発行者　長平　弘

　　　　　　発行所　㈱自治体研究社

　　　　　　〒162-8512 新宿区矢来町 123　矢来ビル 4 F
　　　　　　TEL：03・3235・5941／FAX：03・3235・5933
　　　　　　http://www.jichiken.jp/
　　　　　　E-Mail：info@jichiken.jp

ISBN978-4-88037-689-9 C0031　　　　　　　　DTP：赤塚　修
　　　　　　　　　　　　　　　　　　　デザイン：アルファ・デザイン
　　　　　　　　　　　　　　　　　　　印刷・製本：モリモト印刷

自治体研究社 ────────────

人口減少時代の自治体政策
──市民共同自治体への展望
中山　徹著　　定価（本体 1200 円＋税）

人口減少に歯止めがかからず、東京一極集中はさらに進む。「市民共同自治体」を提唱し、地域再編に市民のニーズを活かす方法を模索する。

人口減少と公共施設の展望
──「公共施設等総合管理計画」への対応
中山　徹著　　定価（本体 1100 円＋税）

民意に反した公共施設の統廃合や民営化が急速に推し進められている。地域のまとまり、まちづくりに重点を置いた公共施設のあり方を考察。

人口減少と地域の再編
──地方創生・連携中枢都市圏・コンパクトシティ
中山　徹著　　定価（本体 1350 円＋税）

地方創生政策の下、47 都道府県が策定した人口ビジョンと総合戦略を分析し、地域再編のキーワードであるコンパクトとネットワークを検証。

人口減少と大規模開発
──コンパクトとインバウンドの暴走
中山　徹著　　定価（本体 1200 円＋税）

各地に大規模開発計画が乱立している。この現状をつぶさに分析して、人口減少時代の市民のためのまちづくりとは何かを多角的に考察する。

公共施設の再編を問う
──「地方創生」下の統廃合・再配置
森　裕之著　　定価（本体 1200 円＋税）

全国の自治体で、学校を初め公共施設の廃止・統合など再編が進んでいる。再編の背景にある国の政策を整理して公共施設のあり方を考える。